「丁寧」なのに仕事が速い人の習慣

池田ピアノ運送株式会社
代表取締役
池田輝男

感謝され、
利益も2倍になる
ビジネスの絶対法則

Habits of people
who are polite but fast at work

GENTOSHA
幻冬舎

はじめに

はじめまして。本書を手にとっていただき、ありがとうございます。私は関東にある「池田ピアノ運送」という会社の社長を務めております。

文字通り、お客さまのところへピアノを運ぶのが主な仕事です。どちらかといえば、〝専門的な仕事〟という印象を持つ方が多いでしょう。

ところが、そんな私たちの会社に「ぜひ話を聞かせてほしい」というビジネスパーソンが、今や全国からやってきます。

それも同業界からだけではありません。さまざまな業種の会社から、売上を上げたいという営業の方や、優秀な社員を育てたいという管理職の方などが大勢、私のところを訪ねてくださるのです。

一体それはどうしてか？

その理由こそ、本書でお伝えしたい「丁寧な仕事」なのです。

「丁寧な仕事」とは、製造だろうが、営業だろうが、経理だろうが、企画だろうが、どこの部署でも必要とされることだと思います。

しかし、何をもって「丁寧」と定義するのか？　その基準は実のところ曖昧で、ほとんどの会社が、単なる精神論になっているでしょう。

これに対して、私たち池田ピアノ運送は「日本一、丁寧な仕事のできる会社」になろうと、徹底的な追求を試みたのです。そのアプローチは、仕事のやり方はもちろんのこと、お客さまを前にしたときの所作やコミュニケーション、事前準備の仕方、お客さまから「丁寧」と思われた仕事を普遍化するシステムづくりや社員教育など、多岐にわたりました。

その結果、私たちがピアノの運送に行くと、

「そこまで丁寧にやってくれるんだ！　この会社はすごい！」

と、お客さまが感動してくださり、リピートや他のお客さまの紹介につながるということがどんどん起こっていったのです。今や私たちの会社はピアノだけでなく、精

密機器や電化製品など、さまざまな「貴重なもの」を運ぶ会社へ拡大し続けています。

だから確信をもって、私は皆さんに知っていただきたいといえるのです。

お客さまを感動させるほどの「丁寧な仕事」ができるようになれば、驚くような変化が次々と起こります。

たとえば私たちの会社では、取引先の大手企業さまのほうから時代に沿った価格の値上げを打診してくださるということがありました。また、東南アジアから来た研修生が、「このノウハウをぜひ自国に伝えたい」と涙を流しながら帰っていったこともありました。

さらに、ピアノ運送会社の社長をしている私が、こうして本を書く機会までいただいたのです。これ以上の奇跡があるでしょうか。

私が皆さまにお伝えしたいことは決して難しいことではありません。「丁寧な仕事」がどういうものか。本書を通して、その素晴らしさを知り、自分の仕事に活かしてくださったらと心から願います。

「丁寧」なのに仕事が速い人の習慣　感謝され、利益も2倍になるビジネスの絶対法則　目次

第1章
なぜ池田ピアノ運送が、お客さまに愛されるのか？

第2章 これが本当の整理・整頓!……「丁寧な仕事」は「準備」が8割

第3章 「丁寧な社員」を育てるために大切なこと

第4章 「丁寧な仕事」を「仕組み化」する

第5章 仕事が丁寧になると、人生は豊かになる

巻末コラム

業界さまざま 私の丁寧仕事術

「丁寧」と信頼が根幹、歯科医院を世界で一番素敵で行きたい場所に変えたい！

田北デンタルクリニック（日本歯学センター）　院長　田北行宏様

装幀　石川直美（カメガイ デザイン オフィス）
編集協力　夏川賀央
上岡正明　鈴木政輝（フロンティアコンサルティング）
DTP　美創

第1章

なぜ池田ピアノ運送が、お客さまに愛されるのか？

◎どうして「ピアノを運ぶだけの仕事」が、こんなに喜ばれるのか？

「丁寧な仕事」というと、皆さんはどんな仕事を想像されるでしょうか？

「いつも私は、自分の仕事を丁寧にやっていますよ」

そんなふうに言う方も、世には多くいらっしゃるかもしれません。

でも、その丁寧な仕事によって、お客さまから感動されるようなことが起こり得るでしょうか？

それを起こそうと、一つひとつの仕事に丁寧さを追求してきたのが、まさに私たち池田ピアノ運送です。

たかがピアノを運ぶ会社で、そんなことが可能なのでしょうか？

もちろん可能ですし、私たちはそれがどんな仕事においても可能なのだと思っています。

具体的には、たとえばお客さまのお子さんが結婚する際に、実家で弾いていたピアノを、新居へ移動させるような場合です。

ピアノは一度置いたら何十年もそこから移動させないので、簡単には掃除ができず、ピアノの裏側の壁や床が積もり積もったゴミや埃で、ものすごく汚れています。

それはまるで、「自分たちはこんなに汚れた家に住んでいたのか!」と、お客さま自身が引いてしまうくらい……。

一般の業者はやりませんが、私たちの会社はそこを掃除するのです。すると「そんなことまでしてくれるの?」と、お客さまは喜び、感動してくださいます。

「いや、見た目が汚いなら、掃除してあげるのが当然でしょう?」

そんなふうに思う方もいらっしゃるかもしれません。

私たちがキレイにするのは、部屋ばかりではありません。当然、移動させるためにキレイに掃除されているピアノもピカピカに拭きあげます。見違えるようになったピアノを見たお客さまは感動されたご様子で「こんなに丁寧に扱ってもらえて、まるで新品のピアノを迎え入れるような気分だ」と喜んでくださいます。

しかし、我が社の社員が、お客さまから「丁寧な仕事で感動しました」といちばん言われるのは、むしろコミュニケーションに関してでしょう。

たとえば「ここにピアノを置いてください」とお客さまから指示されたとき、より適した場所があれば、「おうちの構造を見た限り、こちらのほうがよろしいのではありませんか?」という提案をさせていただくことがあります。

もちろん我が社は建設会社ではありませんから、社員が専門的な知識を持っているわけではありません。けれども知識を総動員して、最高の環境をお客さまに用意して差し上げるようにします。そのために必要であれば、タンスの位置を変えたり、補強の手段を考えたりもするのです。

ここまでやるのが、本当に丁寧な仕事!

単に言われた仕事を遂行するだけでなく、お客さまが最も幸福になるよう、自ら考えて行動できるセンスが必要になります。

◎最後は「丁寧さ」が勝つ

お客さまを感動させる「丁寧さ」とは、一体何なのでしょうか?

ピアノ運送というのは、運送業の中でも、かなりセンシティブなものを運ぶジャンルに属すると思います。

あれだけ重いのに、ちょっと傷つければ、音色まで狂ってしまう。場合によっては億単位の高級品ですし、どんな電化製品よりも扱いには苦労する。また、お客さまの愛着度合いも大きく、大切な思い出をピアノに託している方もいれば、子どもたちにそれを継承させたいと考えている方もいます。

だからピアノを運ぶには技術が必要となり、200〜400キロの楽器を、専用の帯を使って2人がかりで運ぶことになります。

日本の家屋は狭いので、ドアや壁、家具、楽器そのものを傷つけずに運ぶには慎重な所作も求められます。また、移動先の部屋が2階以上にある場合、時にはクレーンを使って部屋の中に入れることもあります。

それらの技術に対して、お客さまは〝驚いて〟はくれます。

しかしお客さまが感動するのは技術を提供している「人」に対してであり、結局、その「人」にお金を払っているのです。ですからお客さまに対する「丁寧さ」が、最終的にはお客さまの感情を動かすことになります。

感情とは、「すごい」「びっくりした」「嬉しい」「ありがたい」などの気持ち。そのように心が動かされることが、すなわち「感動」です。

たとえばピアノを2人で運ぶとき、職人たちはプロですから、裸の状態で傷ひとつつけず、スムーズにそれを家の中に搬送していくことができます。

しかし技術的に可能だとしても、裸の状態ではお客さまは不安なのです。それはカゴに入った我が子がヘリコプターで空中を運ばれるようなもので、いくら安全と言われても、見るほうは不安でしょうがない。だから救急隊員の方に、しっかりと抱きかかえてもらうことを誰もが望みます。

ピアノも同じで、だからこそ私たちは、あえて非効率でもピアノに養生布団をかけ、「ぶつけても大丈夫そうな見た目」にした上で運ぶようにしているのです。それがお客さまの不安を取り除き、より喜んでもらうためのやり方になると判断しているからに他なりません。

こうした「お客さまの気持ち」まで意識しないと、本当の意味で丁寧な仕事はできません。

丁寧であるかどうかを判断するのは自分たちでなく、つねにその仕事を見ている、自分でない誰かなのです。ですからある意味、私たち一人ひとりがパフォーマーになって、ふだんから丁寧な仕事ができるように進化しなければいけません。

では、それができる人は、一体どれだけいるでしょう？

少し厳しいことを言うかもしれませんが、そのための努力をしていない人のほうが圧倒的に多いというのが私の実感です。

しかし、どんな人でも必ず変わることができます。私が本書で伝えたいのは、そんなふうにあなたの仕事を大きく進化させる方法です。

◎これが池田ピアノ運送の「丁寧な仕事」

池田ピアノ運送が、具体的にどんなふうに「丁寧な仕事」を実践しているのか、いくつかの例を紹介しましょう。

ちなみに私の会社は、新品のピアノの「納品」とすでにお使いのピアノの「移動」という業務の他、金庫やオフィス用プリンター、家電、サイネージ用のモニターの搬入、大型の美術品、オーディオの運搬など、さまざまな壊れやすい特殊なものも扱っています。ここではピアノの搬入のみにフォーカスしてお伝えします。

①ピアノの傷は手の甲でチェックする

ピアノを運ぶ際は、基本的に布団で養生をし、専用の帯を使って2人がかりで慎重に運ぶとお伝えしました。

とくに移動の際は、まず養生する前にピアノの傷をチェックし、現状での傷の具合をお客さまにも確認していただかなくてはいけません。そうでないと、「この傷は元からあったものか」「それとも移動のときにできたものか」で、お客さまと揉めてしまうことになります。

どんなに大切に使っていても、購入後のピアノは、生活の中で何かしらの経年劣化をしています。小さな傷から大きな傷、へこみや塗装の欠けなど、必ず劣化はあるものです。

それをいちいち指摘されるのは、お客さまにとって嬉しいことではありませんが、私たちは細心の注意を払ってピアノを調べる必要があります。

このとき私たちが実践しているのは、「手の甲を使って傷をチェックする」ということです。

手の甲を使うのには、2つの理由があります。1つは、指紋をつけないため。

ピアノにはお客さまの思い出が詰まっていますから、みだりに触って、指紋や皮脂をベタベタつけるのは避けたい。人の思い出に素手で触るようなものですから、お客さまもいい気持ちがしないわけです。

もう1つは手の甲のほうが、指や手のひらよりも敏感だから。

目には見えない傷やへこみ（とくに角に多いです）を確認するためには、手のひらよりも甲のほうが、発見しやすくなります。これはあくまでもピアノを移動させるときだけで、納品のときは新品なので行っていません。

②ピアノを運ぶときは能の「すり足」で

一般の家庭に設置されているアップライト・ピアノには底板が貼ってあり、これは本来、運搬用につくられたものです。

ただ、運送業者はそこにも傷をつけないため、原則は持ち上げてピアノを運びます。キャスターもついていますが、ゴロゴロと転がすようなこともしません。

そこでピアノを搬入する際は、養生した状態から両サイドに帯を引っかけ、前後から担いで運ぶことになります。

ただ、このように持ち上げて運ぶとなると、どうしても揺れてしまうのです。アップライト・ピアノは200〜300キロの重さがありますから、揺れてしまうとその揺れを収めるのが大変です。万が一、壁に当たってしまえば、確実にピアノと壁に傷がつきますし、下手をするとピアノを落として事故につながってしまいます。

そこで私たちが実践しているのは、「すり足」です。

これは能や武道でよくやる歩き方。普通に足を上げて運ぶよりもスピードは落ちますが、下半身の体重移動が最小限になり、安定感が増します。

実はメジャーリーガーの大谷翔平選手も、「すり足打法」を取り入れています。それによって下半身を安定させることで結果を残しました。

ピアノを運ぶ人間は大谷選手のような体格ではありませんが、それでもすり足で運ぶことでピアノを揺らさず、安定した状態で運ぶことができます。万が一でもお客さまの大切なピアノを傷つけるリスクを避けるため、スピードよりも、最善の丁寧さを重視して仕事に臨んでいるわけです。

③３６０度の注意力を持つ

運び手は帯でピアノを担いで、すり足で運ぶと説明しました。

実はこのとき、２人の運び手は両方ともピアノのほうを向いています。ですから運び手――とくに、前側を担当する運び手は、後ろ向きで進みながら、３６０度の方向へ注意を向け、慎重にピアノを運ぶことになります。

前側を担当するのは熟練度の高いスタッフです。後ろ側は主に上方に気を配り、前側の運び手をサポートしながら運びます。

もちろん、そのためには事前に搬入経路を明確にし、障害となるものがあればどけ、さらに危ないと思われるポイントには養生をして、壁やドア枠など、お客さまの家屋を傷つけないよう準備をしています。

実際の搬入で２００キロ以上のものを運ぶとなると、こういった全方向への注意力が必要となるのです。

この慎重で丁寧な搬入技術がもととなって、運送業界で、ある慣例が生まれました。

それは「コピー機はピアノ運送業者が運ぶ」という慣例です。

私の聞き伝えでは、どうやら池田ピアノ運送がその草分けになったそうです。それは現在から30年以上も前のこと、かつてはオフィス用のコピー機を、キャスターで直《じか》に地面をガラガラと転がすように運んでいました。しかし、本来キャスターは設置の際に位置を微調整するためにつけられたものであり、輸送の手段としてついているものではありません。この事実を知っている人は、商品を販売している営業の方でも少ないのではないでしょうか。

あんな精密機器の塊を直接地面につけて運ぶのは、今となっては信じられませんが、当時はそれが常識だったのです。そこで私の会社が特別な台車を使って運ぶようになり、やがて業界全体に定着しました。これはピアノ運送のキャスターを使わないという発想がベースになったのです。

④搬入したピアノをピカピカに拭きあげる

ピアノを搬入し、所定の位置に置いたら、振動が直に床に伝わるのを防ぐための器具（インシュレーター）をキャスターの下に仕込み、キャスターの向きを自社で規定している向きに揃え、音やペダルの可動を確認します。

このとき、最後の仕上げとして搬入したピアノをピカピカに拭きあげます。

この拭きあげ作業は本来、ピアノの移動作業ではやっておらず、納品＝新品のピアノの搬入の際に行う工程なのですが、私の会社ではこれを納品・移動にかかわらず徹底して行っています。

数年前に私は、主に移動ばかりをやっていた会社業務を、納品業もやるように改革しました。

移動と納品だと移動のほうが効率もよく、売上も立てやすいものです。ですが、移動だけだと、納品レベルのサービス力は身につきません。

この業界での常識を壊していくことで他社と差別化ができ、勝つことができると踏んでいた私は、作業そのもののレベルを上げるためにも、納品業も始めて（正確には再開して）、自社のサービスレベルの底上げを図ったのです。

半ば強引な社内業務改革だったのですが、おかげさまで私たちの会社は多くのお客さまから、「仕事が丁寧だね」と、お褒めの言葉をいただけるようになりました。

⑤「匂い」にこだわったサービスを心がける

ピアノが部屋に運び込まれると、その部屋の匂いが少し変わります。

鍵盤の木の匂い、フェルトの匂い、椅子の革の匂い……。うっすらと甘いような独特な匂いは、その部屋に高級感をもたらしてくれます。

匂いというのはとても重要で、人間の記憶と結びつくことがよくあります。「この匂いを嗅ぐと、あのことを思い出す」ということが、あなたにもあるのではないでしょうか。

そのくらい匂いは大事なのです。だからお客さまの大事なピアノがある生活の最初の日を悪い思い出にしないために、私の会社では匂いにこだわったサービスをしています。

今や、宅配などの配送業者でも車内を禁煙にして、段ボール箱に臭いがつかないよう徹底している会社が多いのですが、それは私たちのようなピアノ運送業者も同様。

健康面での考えもあり、ボーナスの一部を禁煙手当にしています。

ボーナスは、不景気だったり、業績が悪かったりすると、減ったり出なかったりするものですが、それでも禁煙手当だけは出せるように予算を考えるくらい、禁煙に関しての仕組みを徹底させているのです。

他にも新しいユニフォームの替えをつねに車内に積んでおき、運び手はタイミングを見計らって着替えられるように準備しています。

ピアノの搬入は、力仕事です。夏場は1件こなしただけで、汗だくになる社員もいます。

ですから、着替え（ユニフォームと手袋）の他にも、汗を拭くためのタオルや制汗シート、消臭スプレーを常備し、お客さまの前に立つときには不快な臭いがしない状態でいられるよう、徹底しているのです。

⑥ユニフォームをおシャレ感のあるもので統一する

匂いとともに、私たちの会社でこだわっているのが、ユニフォームです。着替えを常備しておくだけではなく、ユニフォームそのものを、それまでの作業着からボタンダウンのワイシャツと黒のパンツに変えました。

これは「正装」という意識を、運び手にも持ってもらうため。作業ジャケットやポロシャツではなく、「ワイシャツ（ドレスシャツ）」なので、お客さまのお宅や、オフィスに入るときにも遜色のない格好になっています。

また、タオルは汗を拭くために必要です。しかし普通の作業タオルだとユニフォームとのバランスが取れなくなるので、自社の名前の入ったオリジナルのタオルを作成しました。そのデザインはスペインのファッションブランドを参考にし、首に巻いてもおかしくない、マフラー調のタオルにしています。

私たちが運ぶピアノは高級商品です。

ならば、たとえば高級車である、レクサスの販売店を考えてみてほしいのです。店内の清潔さや香り、置いてある備品の高級感に加え、販売員さんたちもみんな身なりを整え、レクサスという高級車を販売するにふさわしい格好をしています。

同じくピアノという高級品を扱っているのですから、それを扱う人間も、やはりきちんとした身なりをしている必要があると思うのです。

大事なピアノを運ぶ人間が汚れた作業着を着ていると、お客さまは何となく、自分のピアノが高級感を失ったような印象を受けるでしょう。それはレクサスが納車されるとき、販売員さんがTシャツとジーンズ姿で持ってくるようなもの。やっぱり高級感が損なわれた感じがするものです。

私たちの会社の他にも、東京と横浜を中心に「魚と酒 はなたれ」を展開している「株式会社 First Drop」は、あえてユニフォームを白い割烹着に変更しました。また、エレベーターの保守、点検、修理をしている「株式会社コムテック」は、一般的な作業着から戦隊ヒーロー風のユニフォームに変更しています。変更当初は社員の反対もあったようですが、いずれもお客さまに丁寧なパフォーマンスを提供するための措置であり、今ではその重要性を社員も理解してくれていると伺っています。

◎私がピアノ運送の業界に来た理由

もちろん私たちも、最初から今のような「丁寧さ重視」で、「お客さま目線の仕事」ができていたわけではありません。やはり最初は効率重視で、運送業の延長にあるような業務を行っていたのです。

でも、何かが違う気が、ずっとしていました。

それで我が社がやるべき理由があるのだろうか？

今のような仕事を、果たしてお客さまは望んでいるのだろうか？

ならば業務についての考え方を変えよう。でも、どうやって？

言うのは簡単ですが、「丁寧さ」にそもそも基準があるわけではありません。どのように仕事をすれば、お客さまが「丁寧だ」と思うのか。一つひとつの仕事を検証し、それを運送に携わるすべての社員に徹底しなければならないわけです。これは大変な労力のいる作業でした。

けれども意識改革さえできれば、あとは目標にしたがって、実行していくだけです。リーダーの心構え1つで、どんな組織でも変わることができる。

こうした思いで生み出したそのやり方を、本書でこれから紹介していきます。


実は私自身も、決してリーダーの資質を持っていたわけではありません。

そもそも私は、経営とはまったく無縁の世界にいた人間です。大学を卒業してから、すぐに就職したのは、理系の大学でした。

大学に勤めた理由は、兄も大学職員として働いており、当時の私が見るに、休みが多くて楽そうな仕事に思えたからです。実際、大学の図書館に配属された私の休みはカレンダー通り。年間休日は120日以上もあり、残業もなし。当時にしては、超ホワイト企業の見本のような職場でした。

そんなとき私が読んだのが、当時、コンサルタントとしてカリスマ的な権威を誇っていた船井《ふない》幸雄《ゆきお》氏の『未来へのヒント　21世紀、地球と人類はこうなる』（サンマーク出版）という本です。それから私はビジネス書を読み漁るようになり、もっと自分の専門的な能力を磨き、それを活かせる仕事に就きたいと考えるようになったのです。

ちょうどそのころ、友人から紹介されてお付き合いをするようになった女性が、現在の妻。ピアノ運送会社を経営している社長の娘でした。

妻に家を継ぐ気持ちはまったくなかったようですが、私は妻の実家であるピアノ運送の世界に、強い興味を持ちます。

しかし、このまま彼女の父親の会社に入るのでは信用がないし、実際に何ができるかもわかりません。

だから私は、いずれは彼女の父親の会社に就職することを前提に、まずは同じ業界の別の会社を見に行こうと考えたのです。先に何も知らない素の状態で、業界のことを見ようと考えました。

そこで、某大手ピアノ運送会社に就職し、1年ほど勤めることにしたのです。それが今から25年くらい前のことでした。

◎初めて垣間見た「業界の古い常識」

新約聖書『マタイによる福音書七章』の中に、「求めよ、さらば与えられん」という言葉があります。それは「何かが与えられるのを待っているのではなく、自ら積極的に努力するから、よい結果が得られるのだ」という意味です。

妻となる女性の実家が経営するピアノ運送の会社に入り、いつか経営を任される人間になりたいと行動を始めた私は、まさしくそんな心情になっていました。もはや楽を望んで、大学の事務職を選んだ私ではありませんでした。

しかし当時のピアノ運送業界は、現在からは考えられないくらい粗雑な世界だったのです。私はスーツを着て面接に挑みましたが、

「うちが何屋か、君、わかってる？　いつから来れるの？」と、質問はその程度。

私は完全に浮いた存在でした。

それでも私は、大手ピアノ運送会社に採用されたのです。同期の中で私は一番の年

長者。周囲にいたのは、まだ10代のように見える、やんちゃそうな少年ばかりです。服装も上着は作業着を着ていましたが、ズボンはデニムだったり、綿パンだったりとバラバラ。お客さまへの挨拶も「ピアノ屋で〜す」という軽いもので、とてもピアノという高級商品を運ぶスタッフには見えません。

しかも大手企業でありながら、現場においての新人教育には力を注いでいませんでした。仕事は完全に「見て覚えろ」の精神で、力仕事さえしてくれればそれでまったく構わないという体制だったのです。

それでもこの企業はまともなほうで、業界の常識はもっと酷いものでした。

そんな具合ですから、真面目に仕事をしていた私は、半年が経ったころに「そろそろいいだろう」という感じでリーダーに抜擢されました。年長者だったし、数年間とはいえ大学職員をしていたのですから、一般的なビジネスマナーができていたことが理由だったのでしょう。たった半年の経験で、若い子たちを引き連れてトラックを運転し、ピアノを運ぶようになりました。

この1年の経験で、私は「ピアノ運送業界の常識を変え、仕事のステイタスを上げていかなければいけない」と思うようになりました。

たとえば、身だしなみとして制服を統一するのはどうか。皆を清潔な姿にして、挨拶の言葉やお辞儀の仕方なども、ちゃんと研修で身につけてもらう。そうして所作を整えた上で、傷をつけないように商品を運ぶ。

かつて私がいた大学の職場では「非常識」に思われるようなことが、ピアノ運送業界ではまかり通っていたのです。ここを変革し、「丁寧な仕事」を目指すだけでも、業界内では大きな差別化ができるのではないかと考えました。

1年の勤務のあとで池田ピアノ運送に転職した私は、そこで学んだことを形にして、会社の改革を始めたのです。

むろん、その実行には紆余曲折がありましたが、お客さまから喜ばれていることを実感できれば、働き手は自分が行った仕事に手応えを感じていきます。私はただ皆にそれを経験させてあげればよかったのです。

やがて私は会社の代表に収まり（そのときには前社長の娘である彼女とも結婚して

いました）、現在ではこの業界で売上トップクラスの地位をキープしています。

丁寧な仕事をすることによってお客さまの期待を上回り、感動していただけるということを社員に理解してもらえれば、会社は勝手に成長していきます。「丁寧」という仕事のあり方は、どんな業界でも必ず通用するものだと私は確信しているのです。

◎「丁寧」って、一体どういうことだろう？

そこで改めて「丁寧さ」ということを考えてみたいのですが、そもそもこの言葉の正確な意味をご存じでしょうか？

辞書を引くと、丁寧の意味は、次のように書いてあります。

「注意深く念入りであること。細かいところまで気を配ること。動作・態度などが礼儀正しく、配慮が行き届いていること」

では、「丁寧」のそもそもの語源は、どこから来ているのか？　実のところ、それは私の会社とも無縁ではありません。というのも、丁寧という言葉は、昔の中国で使われていた金属製の打楽器の名前に由来するのです。

この楽器はインターネット検索すれば、すぐに写真が出てきます。小さな銅鑼《どら》のようなもので、別名は「鉦《しょう》」。戦のときに、「注意・警戒せよ」「慎重に行動せよ」という意味で鳴らされていました。

そのことが元となり、「注意深くすること」や「慎重に行動すること」を、「丁寧」と言うようになったと言われます。あるいは注意や警戒の知らせを皆に伝えるため、念入りに何度も鳴らしたことが、「相手に対する深い配慮」という意味で「丁寧」という言葉になったとも言われているのです。

後者はまさに、仕事における「丁寧さ」を表しているでしょう。


かつてピアノ運送という仕事では、たびたび事故が起こっていました。

たとえば力自慢の人が2人やってきて、「こんなの簡単だよ」と持ち運んでいってしまう。それで躓《つまず》きでもすれば、大切なピアノにも、新しい新居にも傷がついてしまう。それだけでなく怪我人が出て、皆が嫌な思いをする可能性もあるでしょう。

だから私たちは、たとえ力のない人間がこれを運んだとしても、絶対に事故が起こらない状況を整えてしまうわけです。

具体的には完全な梱包をしたり、廊下にマットなどを敷いたり、一番バランスがとれる、安全な運び方を追求したり。さまざまな方法がありますが、それらを確実に行うのが「丁寧さ」なのです。

まさにそれは古代の中国において、敵の攻撃が始まることを知らないで被害を受ける人が、1人も出ないように徹底することと同様。漏れがないよう、ひたすら小さな努力を積み重ねて、100パーセントと99パーセントとのわずかな差を埋めていくことが、「丁寧さ」の根本にはあるのです。

◎日本の会社は「丁寧さ」で世界一

「丁寧」という言葉が中国で生まれたのは紀元前の春秋時代とされ、そのころから現在までは、2500年以上もの歳月が流れています。

その間に我々日本人は、仕事において「いかに丁寧であるか」ということを、長く追求してきました。

たとえば、河合楽器製作所やヤマハといった楽器メーカーが、なぜ静岡県にあるのかをご存じでしょうか？

これは静岡県が、楽器の材料である木を保管するのに、最も適した気候だからとされています。そのため楽器以外にも、たとえば家具メーカーなどは静岡に拠点を置いている会社が多くあります。

こうした配慮とは対照的に、海外でつくられた電化製品などは、内部に虫が卵を産んで、それが気づかれないまま日本に輸入されて、お客さまの家に納品されたなどという話も聞きます。

そんな事故が起こらないよう、検品力や確認のみならず、資材の保管場所にも気をつかっている日本企業は、世界基準で見ても、丁寧さへの意識はかなり高いといえるでしょう。

実際、電子ピアノは脚をネジで留めますが、海外製のピアノだと、このネジのサイズが合わないこともよくあったのです。こうした細かいところにも気を配っていたからこそ、日本のピアノメーカーは、世界でもトップのブランド力を持つことができました。

ただ問題は、実際にお客さまと接する人が「お客さまへの丁寧さ」を意識しているかです。

たとえば食事をしているときに、飲み物をおかわりしたとしましょう。このときに店員さんが同席している方にも「いかがですか？」と聞いてくれたり、あるいはグラスの水が空になっているときに、こちらが言うよりも先に水を注いでくれたりすれば、「丁寧だな」と感じるでしょう。

しかし、こちらが「もう飲み物はいらない」「家に帰ろう」と思っているときに、おかわりの水を勝手に注いだりすれば、今度は「余計なことを」と感じるかもしれません。

ですから状況に応じて、「丁寧な仕事」の中身は変わってくるのです。大切なのはお客さま目線で考える力であり、マニュアルやルールを徹底すれば丁寧さが実現できるわけではありません。

◎「丁寧な仕事」は、マーケット・イン思想に基づいている

「丁寧な仕事」とは、一体どのようなものを指すのか？

私はこれを、「相手を思いやる心がベースにある仕事」だと定義しています。

おそらく「丁寧とは何か？」と人に尋ねれば、返ってくる言葉はいろいろでしょう。実際、私自身もさまざまな人に尋ねましたが、誰の答えも抽象的で、明確な回答などほとんどありませんでした。

けれども、実際に行われた仕事が「丁寧かどうか」と聞けば、満場一致で「丁寧な仕事」は認知されます。

つまり、感覚のなかで「丁寧さ」というものは確かに存在し、知覚され、認知される行為になっているのです。だから当然、これをハウツーとして体系化し、マニュア

ルに落とし込むこともできます。

日本の「ものづくり」は、そもそもこの「相手を思いやる心」に長けていたことで発展していった経緯があります。

たとえば日清食品の「カップヌードル」といえば、3分でつくれる手軽さと、世界中のあらゆる文化圏に向けた味の豊富さで、全世界に広がった食品と考えられがちです。

もちろん、それも「相手を思いやる心」なのですが、たとえばそのフタを見れば、かつてであれば包装ビニールの底についたフィルム状のテープで開け口を押さえるようになっていたり、現在であれば、フタを留める箇所が2つになっていたりと、味と直接の関係がない細かな部分にすら、「より使いやすい方法」を意識して改良を繰り返していることがわかります。

作り手が先につくりたいものをつくり、これをどう販売していくかを考える手順を「プロダクト・アウト」と言いますが、米国Apple社の製品のように、こうしたイノベーションを引き起こすような新商品を生み出すことを日本企業は苦手としています。

しかし「プロダクト・アウト」の対極に位置する、「ユーザー側の視点に立ったものづくり＝マーケット・イン」においては、今でも世界に誇れるだけの技術を持っていると私は考えているのです。

「マーケット・イン」は「プロダクト・アウト」の反対で、ユーザーのニーズや解決したい問題をくみ取って製品開発（商品・サービス開発）を行うことをいいます。

とくに現代では、マーケット・インに基づき、お客さまの満足度を高めることを重視する風潮が強まっています。それは私が属する運送業のように、そもそもサービスの質が求められてこなかった業界でも同様のことなのです。

◎まずは相手を観察しよう

私の会社は、「他の企業がマーケット・インの発想を導入していないこと」をチャンスととらえられたために、業界内における大きな差別化を実現して、業界売上トップクラスにまで飛躍することができました。

どんな商売にとっても、ゴールデンルールとなるのは、「お客さまの問題・課題を解決する」ということです。つまり、お客さまの問題を解決しさえすれば、「商売＝ビジネス」が成り立つのですが、難しいのは、お客さまが100人いれば、100通りの問題があるということです。

お客さまの数だけ、お客さまが抱えている問題の種類がある以上、どんな形でもマーケット・インの発想でチャンスをつかむことは可能です。必要なのは自分の業界で「常識」とされることを、「非常識ではないか」と疑えるような逆転の発想でしょう。

相手を思いやる仕事をするために、何より大切なのは、相手を観察することです。というのも、相手を観察し、相手が何を求めるかを知らなければ、そもそも相手を喜ばせることができないからです。いくらこちらが相手に配慮して行動しても、「そんなこと望んでいないのだけど」と思われれば、当然喜ばれることなどありません。

私は学生時代、幼馴染みが働く理容店でアルバイトをしたことがあります。といっても理容師免許を持っているわけではありませんから、仕事の内容は、理容師のサポートをすることです。

タオルの補充をしたり、店内の清掃をしたり、簡単なマッサージをしたり。髪を切ったり、髭を剃ったりということはできません。

その当時、私がとくに注意していたのは、パーマロッドを理容師に手渡す際に、どのように渡せば相手が受け取りやすいかを考えることでした。

これはオペをする外科医に、ナースがメスや鉗子《かんし》を渡す場面を想像すればわかりやすいでしょう。

ナースは必ず柄《え》の部分を向けて、外科医が受け取りやすいように渡します。

メスの向きなどは初歩の初歩で、実際はもっと複雑です。それは理容店でのアルバイトも同様で、理容師の行動の癖や動きのパターンをつぶさに観察し、「この人はこういう角度で手を出してくる」というのを把握した上で、パーマロッドを手のひらの上に置き、タイミングよく指で押し出すようにして渡すような細かい動きが求められます。

じつに面倒くさい業務に聞こえるかもしれませんが、しばらく仕事を真面目にやっていると、素人だった私が理容師に「お前の渡し方が一番仕事をしやすい」と言われるまでに成長できました。

そうなれたのは、結局のところ「相手を観察すること=相手をよく見ること」に徹してきたからだと思います。お客さまに合わせて、自分の仕事を柔軟に変化・対応させていけば、自然に丁寧な仕事は実現できます。

まずはそのための「準備」から。次章では、「丁寧さ」のベースとなるものを意識下につくり出すことから始めてみましょう。

◎丁寧を貯金すれば、お客さまは「一生客」になる

本章の最後に、なぜ私がここまで「丁寧な仕事」をすすめるのかを述べておきましょう。それは何といっても、丁寧な仕事をして「丁寧」を貯金し続けていると、あなたのお客さまが「一生客」になってくださるから、もしくは一生客を連れてきてくだ

さる可能性が上がるからです。

まさにその結果として、私の会社は営業を激しくかけることなく、売上を伸ばすことができたのです。「池田さんは仕事が丁寧だから」という具合に、お客さまからの紹介で、私たちは依頼をいただくことが多くなりました。

ピアノ運送業界では、1台のピアノが運送業者と関わる回数は、平均2・8回と言われています。最初に納品されるとき、引っ越しなどで移動するとき、そして廃棄されるときです。

引っ越しの回数はお客さまによってまちまちなのですが、それでも全体で見ると関わる回数は2、3回。ということは、お客さまがピアノ運送業者と生涯に関わる回数も同じくらいということになります。

つまり私たちは、本来であれば1人のお客さまに対して、生涯で2、3回しか関われないのです。ずっとお仕事をさせていただくことは稀。

でも、そんなお客さまが、お友だちなどを紹介する形で私たちに依頼をくださるのです。これは素晴らしいことだと思いませんか？

ピアノは人の思い出が詰まった商品です。「雑に扱われること」は、「思い出を雑に扱われること」と同義。

だったら「丁寧に扱ってもらえるほうがいい」と考えるのは、当然のことでしょう。

「それは、あくまでもピアノ運送業界だけの話でしょう？」

そう思われるかもしれません。

しかしどんな業界でも、丁寧な仕事をしてくれるお店や会社を、お客さまは愛してくれるのです。

飲食店やコンビニでも、接客が丁寧なところや、お客さまへの気づかいがきちんとなされているようなところだとリピートしたくなりますし、リピートしているうちにファンになって、その店を愛するようになるのではないでしょうか。

もしくは一般的な企業取引でも、相手のことを考え、丁寧な説明やアフターフォローをする会社であれば、「取引を継続したい」「また同じところから買いたい」と考えるはずです。

「丁寧な仕事によるお客さまのファン化」は、あらゆる業界に共通するのです。

逆に、雑な仕事をしていると、横柄なお客さまが集まってきます。

要望はどちらかというと「無茶な要求」であることが多く、深夜でも「今すぐ持ってこい」という自分の都合だけを考えた注文をしてきたり、対応できないことをお伝えするとクレームになったりと、お客さまとしての質は〝低い〟と言わざるを得ません。

また、これは単にお客さまだけの話ではなく、社員もまた、意識レベルの低い人たちが集まってくる温床となります。これは悪循環となって会社のレベルを下げ、さらなるクレーマーを呼び込み、社員がさらに疲弊し……という負のループを生み出してしまいます。

このような「横柄なお客さま」より、丁寧な仕事で「ファンになってくれるお客さま」をたくさんつくったほうが、企業にとっては絶対にプラスなのです。売上的にも、営業的にも、そして働く人にとっても、です。

現代は情報があふれ、広告を出しても新規のお客さまが集まらなかったり、商品・サービスのコモディティ化（経済的価値の同質化）によってスペックも価格もそれほど差をつけられない時代になっています。

そんな状況で新規のお客さまを連れてこようとすると、とてもコストがかかります。ですが、一度ファンをつくってしまうと、その人がリピーターになったり、新しいお客さまを紹介してくれたり、プラスの口コミを広めてくれたりします。

そして、そのようにお客さまをファン化させるためには、丁寧な仕事を心がけていくことが一番なのです。

そうやって「丁寧」を貯金し、ファンを増やし、ファンの濃度を高めていくことで、お客さまのほうから「一生客」になってくれます。

第2章

これが本当の整理・整頓！
……「丁寧な仕事」は「準備」が8割

◎「準備」は「丁寧な仕事」に直結している

第1章で「丁寧」とは「相手を思いやること」であり、「思いやり」とは「相手を観察して知ること」と説明しました。

このことからもわかるように、丁寧な仕事とは、決して特別なメソッドではないのです。特殊なセンスや才能がなければできないものではないし、ストイックなトレーニングが必要なものでもない。今よりも少し意識を変え、一つひとつ行動していくことで、誰にでも実践できるビジネススキルです。

そんな誰にでも実践できる「丁寧な仕事」のベースにあるものが、「準備」です。

料理の世界にも「仕込みが8割」という言葉がありますね。準備を怠ると、いざ仕事をするときに不要な手間をかけることになったり、最悪、事故やケガのもとになることもあります。作業そのものにも時間がかかりますから、いいことは何もないのです。

私の会社の話ではありませんが、ピアノ運送業界にはわずかな準備ミスで、大きな事故になったケースが過去にあります。

それは玄関からピアノを入れることのできない、2階以上の部屋のケースでした。トラックに備えつけられたクレーンでピアノを吊り上げ、ベランダから部屋の中にいる作業員が引き入れる形で搬入をします。

このときクレーンをしまい忘れたままドライバーが発進し、クレーンの先端が歩道橋に引っ掛かってしまったのです。急ブレーキでドライバーはフロントガラスから飛び出し、死亡してしまう痛ましい事故になってしまいました。

もちろん、このような事故は頻繁に起こるようなものではありません。しかし、どんなシチュエーションでも準備を怠ることで、最悪の場合、死亡事故につながるかもしれないことは、この業界での戒めになっています。

ピアノをお客さまの家に搬入する際、そこは必ずしも運びやすい環境にあるとは限りません。とくに東京は一方通行の道が多いですし、住宅地などは道幅が狭い道路に沿ってひしめくように家が建てられているのです。

さらに都心の家屋は狭いので、ドアや通路の幅がピアノを通すギリギリであることはよくありますし、家からトラックを停められる位置まで距離があったり、門から玄関までの距離が長く、飛石があったりして〝運送業者泣かせ〟になっている場所は少なくありません。

そのためピアノ運送の仕事をする際には、事前に「どういうルートでピアノを運ぶか」「傷がつきやすかったり、事故になりやすいポイントはどこか」などを検証し、必要があればそこを布団でカバーするような措置をします。

とくにピアノは1台で200〜400キロの重さがあり、大型バイクと同じくらいの重量なのです。これを生身の人間が2人で運ぶのですから、〝突発的な何か〟が起こると、擦り傷では済まない怪我になる可能性が高くなります。

ですから準備を万全にすることは仕事をする上での重要課題になっているのですが、それをさらに「丁寧さ」をもって行っているのが池田ピアノ運送のやり方です。そんな私たちが培ってきたノウハウは、他の業界であっても大いに役立つものだと思います。

◎「丁寧な仕事」をするために、私たちが徹底的に準備していること

実際に池田ピアノ運送がやっている、「仕事の準備」の一端をお教えしましょう。それは大きく「道具の準備」「運送ルートの確認」「搬入ルートの確保」という3つの要素に分かれます。

私たちは仕事を受注したあと、それら3つの準備を前日までに確実に終え、翌日の仕事に臨むわけです。一つひとつについて説明しましょう。

①道具の準備

道具とは、主に養生のための資材です。ピアノを包むための布団、担ぐ際に使う帯や大型のビニールラップなど。

第1章で述べたように、私たちはピアノ以外にも、オフィス用のコピー機（複合機）など、精密機器を運ぶこともあります。しかし基本的にはどんな商品も傷がつか

ないよう、布団で包んだり、雨が予想されれば大型のビニールラップでぐるぐる巻きにするなどして、商品を完全防備します。そのための資材を欠かすことはありえません。

その他、大型の金庫などを運ぶときはハンドリフトという荷役機器が必要になることもありますし、布団も通常は5枚ですが、学校のような大型施設へ複数の商品を搬入する場合は15枚くらいに増やすことがあります。

そんなふうにシチュエーションに合わせ、どんな依頼の際にも、確実な道具の準備をすることを私たちは心がけています。

②運送ルートの確認

私たちが行っている準備の2つ目は「運送ルートの確認」ですが、これは単に住所を確認するだけでなく、車で運ぶときに「その日1日をどのようなルートで走るか」まで、イメージしておくことが必要になります。

この点は昔だったら地図を確認し、それに付箋を貼ったりする作業が必要だったでしょう。現在はカーナビやGoogle マップに住所を入力してシミュレーションするので、より簡単にできます。

とはいえカーナビがあっても、道が混んでいたり、こちらの想定外の道路工事をやっていたりすることはいくらでもあります。

だからナビに頼りきりではなく「この道が混んでいたら、このルートで対処する」という具合に、ドライバーは頭の中で第二ルートや第三ルートを考えておかなければいけません。地図がデジタルになったとはいえ、私たちはそれに頼りすぎず、「本当の地図は頭の中にある」とし、臨機応変な対応を前日のうちに想定しておきます。

さらに1日の仕事は1件とは限りません。1つの仕事が終わったあとにどう移動するかも予め考え、事前にルートを頭に入れておくことも重要です。

③搬入ルートの確保

次の準備は、搬入ルートの確保です。

すでにお伝えしていることもありますが、ピアノという数百キロの荷物を人間の手で搬入するのです。傷がつくと、それが小さなものであっても運送側（つまり、私たちです）が賠償しなければいけないため、その賠償額は100万円単位になってしまうこともあります。

しかし家屋の中はピアノを運ぶには基本的に狭く、運ぶ距離が長くなればなるほど、リスクは高くなっていくわけです。ですから現場に着いたとき、運び手のリーダーの役目は、どのように搬入すればスムーズかを導き出すことになります。

ルートのなかで危険なポイントはどこか。養生すべき場所はどこか。休憩ポイントはどこにするか。休憩は1か所でいいか、2か所必要か……などなど。こうした計画をすぐに練り出すことが必要になるわけです。

ただ、傷をつけずに丁寧にピアノを運ぶためには、会社側だけの準備では足りないこともあります。

たとえば前日のうちにお客さまへ連絡をし、事前にルート上にあるものをどけてもらい、ルートを確保しやすくするためのお願いをする。

むろん、お客さまのところへ到着してからでもできるのですが、できるだけピアノ以外のものに触れないほうが、会社側にとってもお客さまにとっても、余計な心配をせずに済むでしょう。

これらの準備はあくまでも一端であり、シチュエーションに応じてさまざまに変化するものです。道具を準備しておくことで「これが足りない」を防ぎ、事故を防ぐことができる。運送ルートを確認して把握しておくことで、訪問予定時間どおりに、私たちは伺うことができます。

商品や建物を傷つけない、さらに作業員に無理をさせず、怪我につながることを防ぐ。

準備を万全にすることは相手への配慮であり、思いやりで、「丁寧な仕事」の基本だと私は考えています。

◎事前確認は3回行おう

確認作業について、もう少し説明します。私たちの会社では、あらゆる工程において、最低でもダブルチェック、できればトリプルチェックを行うようにしています。

環境整備点検を定期的に行っており、月1回、私が各営業所を回って自社で設定している環境整備の項目をチェックしに行きます。このチェックに備え、各営業所の社員たちはそれぞれ、ちゃんと項目に則したように準備ができているか、自身でチェックを行っています。

つまり、自分で1回目のチェックを行い、2回目は上司、つまり私にチェックしてもらう。これでダブルチェック。

さらに上司が確認したものを一緒に再度確認すれば、これが3回目のチェックになるわけです。

定期的な環境整備の点検は月に1回で、さらにその2週間前には模擬テストを行いますから、私の会社のチェックは、トータルで月に4〜6回。そこまで徹底することで、私たちは仕事のクオリティを維持しているわけです。

こうした考え方でやってきた経緯がありますから、せめて「自分によるチェック」と「他人からのチェック」の2回は、事前準備として習慣づけてほしいと思います。

たとえば、明日、商談があるとしましょう。

営業資料の準備が万全かどうか、まずは自分でチェック。これが1回目。それを上司に確認してもらい、2回目のチェックも行います。さらに足りないものがあれば追加をして、再度確認を入れて3回目のチェックもするのが理想的です。

どんなに完璧に準備したとしても、「漏れは必ずあるもの」と考えましょう。

日常の仕事がちゃんとできているか、教えられたマニュアル通りのことがちゃんとできているか、そのやり方で意図している結果が手にできるのか……? こうしたロールプレイングは、どのような仕事でも必要になるものです。

だからこそ自分で確認するだけでなく、複数の目でチェックをしましょう。それでやっと、万全の準備はできあがるのです。

◎事前確認は「チーム意識」で行おう

事前確認を複数人で行うことを前提にした場合、なるべく時間をかけないように、その上で確実にできるように工夫していく必要があります。これは定期的な点検だけでなく、毎日の仕事の準備にも必要なことです。

そのポイントは、「1人でなく、チームで確認を行う」ということです。

自分だけで完璧な状態にしようとすると、必然的に準備に時間がかかってしまいます。だから自分によるチェックでなく、2回目や3回目の皆でやるチェックで準備は万全になるものと考える。

1回目のチェックは〝たたき台〟でいいのです。だから質よりもスピードを重視し、10分程度で済ませてしまう。1時間も確認に時間を取るようでは、あまり効率的ではありません。

最初から「漏れはあるもの」と考え、それを2人目の協力者が見つけてくれればそれでいい。ダブルチェック、あるいはトリプルチェックで仕上げるという考えでやれば、最初から余計な時間をかける必要もないわけです。

ダブルチェックを上司と部下で一緒にやれば、時間短縮にもなります。

後の章でお伝えしますが、丁寧な仕事は〝ただ丁寧なだけ〟ではいけないのです。

そこにスピード感があり、時間内に終わらせることこそ「丁寧な仕事」の秘訣と考えましょう。

◎準備とはゴールから逆算した手順である

なぜ池田ピアノ運送が、このように準備を重んじているかといえば、もちろん安心・安全を重視し、丁寧な仕事を実現するのが第一の目的だからです。

しかしそれだけではなく、準備を万全にしておくことは、働く人間のゴールイメージを明確にする効果もあるのです。

どういうことかというと、たとえば私の会社の社員の場合、ベテランになればなるほど、頭の中で経路を思い描くのが得意になっています。

搬入経路であれば、ピアノを設置するポイントから逆算し、休憩するポイントから、ピアノを荷台から下ろす場所へ。ドライバーであれば、その場所から戻って、運び出す前の家へと、ビデオの巻き戻しのようにイメージが浮かびます。

ゴールから逆算して、当日の段取りから、さらに前日の準備へ。このことは何も運送業だけの話ではなく、すべての業務において通用することだと思うのです。


たとえば飲食業であれば、「どこに食器を置いておけばピークのときでもスムーズにお店を回せるか」とか、「どうすればお客さまからのオーダーをスムーズに回すことができるか」とか、「お水をどこに用意しておくか」「どの順番で、どの席にお客さまを通すか」などの段取りを事前に逆算できるお店ほど、効率よく仕事ができ、ひいては質の高いサービスをお客さまに提供することができるでしょう。

キッチンでも同じで、「調味料をどこに置いておくのか」「どのくらいの分量を用意しておくのか」「冷蔵庫の中の食材の配置は、どうすれば取りやすいのか」といったことは、事前に考える必要があります。

営業マンがプレゼンテーションをする場合なども同じで、「どのような資料を使うのか」「話の流れに合った順番になっているか」「そもそも話の組み立ては相手に伝わりやすいか」「どんな話が飽きさせないか」「どこで訴求するのか」「決めゼリフは何か」「決めゼリフが効果的になるには、どんな話の運び方をすればいいか」などを、事前によく考えた人間ほど成功しやすいのです。

研修や講演を行う際も、「事前に準備をお願いしなければいけないものは何か」「水は何人分必要か」「プロジェクターは必要か」「受講者にどう行動させるのがゴールか」などなど準備によって差が出る要素はたくさんあります。

さらに言えば、「ランチをとる際に、1時間以内に会場に戻ってこられる飲食店はどこか」なども、考えていければ段取りはずっと楽になるのです。

イメージしているゴールが明確であればあるほど、準備もまた明確になっていきます。これは「心の視野が広がる」と言い換えてもいいでしょう。

全体を俯瞰する視点を持つことで、見えている景色の質が変わるのです。その上で準備が万全であれば、人間が自分の体重以上のものを持ち上げられるように、高いパフォーマンスを発揮し、お客さまに対してより高いレベルのサービスを提供することができるようになります。

視野が広がれば、心にも余裕ができます。するとお客さまから、より大きなビジネスにつながるかもしれない提案や要望があった際に、上手な切り返しや、改めて場をセッティングするなどの対応もできるでしょう。

このように準備はすべての職業、役職で必要なものなのです。準備を怠ることはチャンスを逃す原因に他なりません。

◎基本にあるのは「整理・整頓」

準備についての考え方の根底には、よく製造業の生産現場で「5S」と呼ばれるものがあるように私は思っています。

この「5S」とは、いわゆる業務改善の基本となる考え方で、「整理」「整頓」「清掃」「清潔」「しつけ」と、「S」の頭文字で始まる5つの要素です。5Sについては製造業だけでなく、飲食業や小売業など、さまざまな業界の大手企業でも取り入れられているので、聞いたことのある方も多いでしょう。

私からすれば、この5Sは、準備を考えるときになくてはならないものです。というよりも、これなくして準備などできません。

とはいえ、5つの中でも最も重要なのは、最初の2つ。「整理・整頓」です。

あなたは「整理・整頓」という言葉の、本当の意味を知っていますか？

子どものころから、両親に、あるいは学校で、繰り返し言われている「整理・整頓」ですが、その正確な意味を知っている人は、案外少ないものです。

ちなみに私がある採用セミナーへ招かれたとき、早稲田、慶應、明治、青山学院、立教、中央、法政といった有名大学の学生たちにこの質問をして、きちんと答えられた人は少数でした。

「整理・整頓」とは、次のような意味です。

・整理……いるものといらないものを分け、いらないものを徹底的に捨てること
・整頓……整理したものを使いやすいように、向きと線を揃えて並べること

そう聞かされると、「整理・整頓をしなさい」と言われたとき、正確な意味での整理・整頓をしている人は、かなり少なくなるのではないかと思います。

いくら仕事道具をキレイに並べていても、その中に不要なものが混じっていたら、これは「整理されている」とは言えません。

同時に、確かに不要なものがなくなっていても、「いざ必要」という際に、取り出しにくいような順序や配置になっていたら、「整頓ができている」とは言えないわけです。

さらに「5S」というのは、先ほどの順序が優先順位も踏まえていますから、いくら「清掃」をして、「清潔」にしていても、不要なものがそのままに放置されていて、使いにくく並んでいたら、それは「キレイになっている」とは言えない。ましてや「しつけ」など、遠い先の話になってしまいます。

実際、「丁寧な仕事をする」ための準備を考えた場合、「整理・整頓」という仕事を機能的にし、リスクを軽減する発想が先にないと、いくら身なりを整え、清潔にしていても意味がないのです。何よりも整理・整頓は、丁寧な仕事において、優先されます。

だから私の会社でも、最初に「整理・整頓」を徹底するのです。

◎正しい「整理・整頓」のあり方

先に述べたように、本格的に整理・整頓をやろうと思えば、意外と頭を使います。ひとつひとつの物品と向き合って、「それは必要なものか、不要なものか」「どのように並べれば、最も使いやすいか」と考えていかなければいけません。

だから私の会社では、広い部分ですべてをやろうとせず、約1メートル×1メートルを「1マス」と決め、毎朝、その中だけを徹底的に整理・整頓してもらうようにしています。

オフィスであれば、「今日は机の上」「明日は引き出しの中」「次の日は本棚」などと、ブロックを決めて取りかかるのが効率的でしょう。

最初の「整理」の時点で、大切なのは「いらないものを思い切って捨てる」ということです。

たとえばスタジオジブリの代表取締役プロデューサーとして有名な鈴木敏夫さんは、毎朝、送られてくる書類を全部、自分で開封して取捨選択するそうですが、これも「整理」の重要性をわかっているからだと思います。

捨てるべきものを放置しておけば、何度もそれを見返したりすることになり、結果的には大量の時間を損失することになるのです。捨てられるべきものが捨てられないと、その場所はいつまでも空白にならないし、必要なものをちゃんと補充しようという気になりません。

新しいことにいつまでも手をつけられないし、成長の機会を逃し続ける。整理しないと、あらゆることが「始まらない」のです。

整理が明確にできるように、池田ピアノ運送では、文房具などはほとんど「共有のもの」として、置いておく量を決めました。

書類はできるだけデータ化し、とっておかなければいけないものは段ボール箱に入れて「保管期間」をそこに書いておきます。法律で保管期間を決められていない場合は、概ね3ヶ月くらい。期限を過ぎたら、問答無用でそれを捨ててしまうわけです。

そんなふうに徹底しなければ、なかなかものは捨てられないのです。「いつか使うかも」と取っておいたものが、使われることなどは〝皆無〟と考えましょう。

◎徹底的に「掃除」をする意味

5Sに照らし合わせれば、「整理・整頓」の次は、「清掃・清潔」となります。これも通常は仕事の準備段階でやるものですが、私たちの会社では、これを単なる準備段階のものと考えていません。

というのも、まず私たちはピアノという芸術を生み出す品を扱っているわけですから、とりわけ美への意識を高く持っている必要があります。

それに運び出したあとや、設置したあとで、つねに「掃除をする」という作業が伴うのです。私たちにとって「清掃する」という行為は、息を吸って吐くのと同じくらい自然なこととして落とし込まなければいけません。

さらに前章で述べたように、清潔でない状態で高級品であるピアノを触ろうとすれば、それだけでお客さまからの信用を失ってしまうのです。

だから「整理・整頓」「清掃・清潔」までの流れは、社員一人ひとりが当然のように実行していなければなりません。それが「しつけ」ということになるのでしょう。

そういう考え方ですから、私たちの会社では、「清掃」を「大事な仕事」と考え、必ず就業時間を使ってやることにしています。

私たちのように社員に掃除をさせる会社は他にもありますが、多くは就業時間前に掃除をさせたりして、強制的にプライベートな時間を消費させているわけです。それで「清掃することが大事」という意識が芽生えるわけがありません。

会社として「整理・整頓」や「清掃・清潔」という作業を重んじるなら、それを「利益を上げるための業務」ととらえ、きちんと投資して実行してもらう必要があります。そうしないのは社員に環境整備を説きながら、経営側が本気になっていないということになってしまいます。

ただし〝業務〟として掃除をする以上は、ただ〝掃除らしきこと〟をするだけでなく、こちらが要求する掃除の基準を満たしているかどうか、きちんと評価をしていく必要があります。つまり、その時間に対して報酬を与える業務であるなら、掃除についてもしっかりと成果を出してもらうべきなのです。

具体的には、まず掃除をする一人ひとりの社員に対して、担当する範囲を明確にしなければなりません。これは先に述べた「整理・整頓」と同様で、社屋全体をマス状に区切ってエリアマップを作成し、「何月何日の清掃で、A社員はこの区域」という具合に担当を回していきます。

そして主に社長である私の役目になりますが、それぞれの掃除に対して20のチェック項目を設け、月1で私が点検に行くわけです。これは120点満点の点数制で、3

ヶ月で330点以上取るとお食事券を支給し、ご飯をご馳走する仕組みになっています。

もちろん、「掃除は新人の役目」などという変な差別もありません。大事な仕事なのですから、全員やるのが当たり前。立場上、私は入っていませんが、役員から新人まで皆がゲーム感覚で、掃除の点数を競い合っています。

◎「トイレ掃除」で会社が変わる！

掃除する場所はローテーションで変わると言いましたが、やはり場所によっては大変なところもあります。なんといっても大変なのは、「トイレ」でしょう。

実は私たちの会社では、トイレ掃除は基本的に「素手でやる」と決めています。そうでないと食器洗いと同じで、ヌメヌメがとれたかどうかわからないからです。だから素手を便器の奥まで突っ込んで、裏側まで指で確認することを要求します。そこがヌメヌメしていたらアウトです。

そう聞くと、「汚い」と嫌がる人もいると思いますが、そもそも「トイレは汚い」という認識になっていることがおかしいのです。毎日キレイに掃除をしていればそんなふうに思わないはずです。私たちの会社では、むしろ皆が「トイレ掃除の担当になること」を楽しみにしています。どうしてかといえば、これがものすごく「気持ちいい」からなのです。

社長はチェック担当で、会社での掃除に参加しないと言いましたが、実は私もコンビニや飲食店に入ったとき、「トイレが汚れているな」と思ったら、そこを掃除するようにしています。当然、素手でやります。

だから毎日、ものすごく気持ちいい。嘘だと思ったら、騙されたと思って試してみるといいですよ（笑）。

よく言われるように、繁盛しているお店や会社ほど、やはりトイレはキレイになっています。

逆にいうと、トイレさえ見れば、その会社やお店の未来を見通すことができます。

地方へ行っても、たとえば成功しているホテルというのは、トイレがちゃんと掃除されているもの。とはいえ、私の会社に比べたら〝まだまだ〟という場合がほとんどですが、そうした比較から自分の会社を判断することができるわけです。

ただ、だから社員たちに「トイレ掃除をしろ」と強制しても、やらされているうちは、それが定着することもありません。

毎日、毎日、働いている場所をキレイにすることを当たり前ととらえ、皆が気持ちよく働けるよう、「汚れていたら掃除をする」ということが当然になるような意識を育まなければならないのです。

それが丁寧な仕事を普通にやるために、私たちが予めできる「準備」に他なりません。

○「心・技・体」を鍛えよう

丁寧な仕事を実践する準備として、「5S」とともにやってもらいたいのが、「心・

技・体」の3つを鍛えることです。

それぞれ次のようなことになります。

・心を鍛える……精神を安定させ、相手を思いやる心の強さを身につける
・技を鍛える……技術的に修練して「できること」を増やし、その練度を上げる
・体を鍛える……食事に気をつかい、適度な運動をし、健康を維持する

この3つにも、5Sと同様に順番があり、最優先は何といっても「体」です。一般的にも「心技体」と言うから「心」から考えてしまうのですが、その心を鍛えるためにも体は基本。安定した肉体に、安定した心や技術が宿ります。

人間は「体が資本」と言われるように、不健康な状態では人のことを思いやる余裕を持てないし、迅速な動きや丁寧な所作をすることもできないのです。ピアノを運ぶような力仕事はもちろん、風邪をひいたりすれば、集中力ももちませんね。

だから、いい仕事をしたいと思ったら、怪我や病気をしないようにすることが、最

も基本的な準備となります。

ただ、「食事に気をつかう」ということも、「適度な運動をする」ということも、どちらかといえば一人ひとりが仕事以外のところで気をつけることであり、会社の仕事として「体を鍛えよう」と考えることはあまりないでしょう。

でも、業務の合間でも、できることはあります。

よく私が主催しているセミナーで、参加している方々（主に経営者や管理職層）にやってもらっているのは、「お祝い体操」というものです。

やり方はとても簡単です。バレーボールのトスを上げるときのように、両手を頭の上に掲げたあと、肩甲骨を動かす形で腕を上げ下げするだけ。

「お祝い体操」と名づけているのは、世界中のありとあらゆるお祭りに、共通して手を上げて踊る動作があるからです。日本の「阿波踊り」が典型的でしょう。

毎朝、仕事を始める前。あるいは集中力が落ちて、気分転換が必要なとき。クヨクヨしたり、気分が苛立ったりしたときなど、手を上げて少しだけ「お祝い体操」で体を動かしてみればいいのです。

体がほぐれるだけでなく、心も少し前向きになり、簡単にリフレッシュすることができると思います。

私自身も毎朝、この体操をやっています。

◎「成功イメージ」で心の準備を

「体」の次は「心」。日々の努力で心を鍛えることはもちろん大事ですが、丁寧な仕事をするための「準備」ということに関していえば、心の持ちようで私たちにできることは結構あります。

何よりその日の仕事に取りかかる前に、「予め成功イメージを思い描いておく」ということは、重要な仕事をする前に絶対にやっておくべきことでしょう。

成功イメージは、その日1日の終わりの場面を想像し、「そのときにどういう状態でいたいか」に思いをめぐらせるのがポイントです。

・仕事を終え、家に帰って玄関を開けたときに、子どもたちやパートナーに迎えられて、心からの笑顔を浮かべる
・お風呂に入りながら、その日1日がうまくいったことを思い出し、あたたかさと充実感に包まれる
・晩酌のビールを飲みながら、今日うまくいったことを思い出して、思わずニヤニヤしてしまう
・寝るときに「今日は最高だった、明日も頑張ろう」とプラスの気持ちで眠りにつく

これらは一例ですが、あなたにとっての「1日の終わりの場面」を具体的に思い浮かべるのです。

あくまでもイメージで構いません。ただし、成功している状態を思い浮かべる。そして、こうしたイメージを仕事の準備として持ち、会社に出かけ、仕事を始めればいいでしょう。

「1日の終わり」を思い浮かべるのは短期イメージですが、これを積み重ねることで、中長期のイメージも描きやすくなり、未来への展望が持てるようになります。それは打たれ強い心や、心の免疫力を育てていきます。

さらにいうと、成功イメージを思い浮かべやすくするためには、事前の準備が万全でなければいけません。事前準備がうまくいっているからこそ仕事もうまくいき、ゴールイメージも明確にしやすくなるのです。

なお「体」の準備をして、「心」の準備をしたら、次は「技」の準備となりますが、一生懸命にスキルアップに励まなくても、心と体を万全にしておけば、自然と技術力はアップしていくと私は考えています。

体調が万全で、成功イメージがしっかりできていれば、自然と人は日々の仕事の中で必要なものを吸収していくのです。

第3章

「丁寧な社員」を育てるために大切なこと

◎「丁寧な仕事」をする社員は、どう育成するか？

第2章で、丁寧な仕事をするための、準備の仕方はおわかりいただけたと思います。しかし第1章で述べたように、丁寧な仕事をしてお客さまに感動されるようになるためには、状況に応じてお客さまの気持ちに配慮できるような臨機応変さが必要になります。いわば、「神対応」ができるようなセンスが、必要になるわけです。

そんなセンスを持った人材を、どうやって育成するのか。

そのためには「意識の変化」が必要になります。

意識というのは「丁寧さ」の根底になるもので、いくら頭がよく要領のいい人でも、あるいは手先が器用で繊細な人でも、「仕事を丁寧にしよう」という意識がなければ、どんな仕事も乱雑になります。

逆にいえば、「仕事を丁寧にしよう」という意識を育むことができれば、「丁寧さ」に必要なスキルは、自然と身についていくわけです。我が社が「5S」を徹底している理由も、そこにありました。

「考え方」と「やり方」を比べたとき、優先すべきは「考え方（あり方）」なのです。あらゆるビジネス書を読んでも、テクニックや技術より、「どのような心構えでテクニックを使うか」という考え方が重要だと書いてあるでしょう。

心が伴っていない技術は、ただの技術にすぎません。お客さまは優れた技術に驚くことはあるかもしれませんが、その背景にある考え方が伝わらないと、感動にはつながらないのです。

とくに手先が不器用な人は、そもそもの思考までも不器用になっている傾向があります。だから「丁寧な仕事」の定義を明確にし、思考の段階から新たに創り上げていく必要があります。

これは教育によってトレーニングでき、入社してからの指導で確実に改善していくことが可能です。

ただ、学校のように「こうしなさい」と伝えたところで、簡単に意識が変わるわけもありません。

・考え方が定着するような環境を整備しているか
・教えたことを何度も繰り返して、復習できる環境があるか
・基準となるガイドラインは明確に設定されているか
・誰でも同じように再現可能なものになっているか

などの「社員が育つ環境」が用意されているかが、非常に重要になるのです。

たった一度教えただけで、それを完璧に実現できる人間はいません。それに技術が定着しても、放置しておけばすぐにほころびが生まれ、最初のころの品質を維持できなくなります。

だから上司、経営者、会社には、社員が育つ環境を整備し、あとは根気よく伝え続けていく姿勢がつねに求められるのです。

実際に私の会社が、どのようにそれを行っているのかを、ここで紹介しましょう。

◎新人は「素直な人」を採用して育成しよう

人材育成は採用の段階から始まっている――そういう考え方があります。雇ってからひとつひとつ教育していくのではなく、そもそも会社が求めている人物像にフォーカスし、そこにマッチした人を採用する。だから採用時から、人材育成は始まっている、ということです。

私の会社もそういう方針に則り、求める人物像に一致する人だけを採用するように試みています。

ですので新人を学歴で採用するようなことはありません。

その代わり、求めるのは「素直な人」です。

高学歴でなくても、新卒世代でなく中途採用でも、素直であれば、私たちが望むように新人は育っていきます。

そもそも「素直である」とは、「成功例を持っている人の言うことを聞き、すぐに実行できる」ということだと私は思います。だから私たちが教えることを、決して疑ったりせずに実践してくれます。

逆に素直でない人は、自分が納得しないとなかなか行動しないので、成長は遅くなってしまうのです。

自分が納得しないと行動しないというと、一見「自我を持った、しっかり者」に思えるかもしれません。確かにそうかもしれませんが、いくらしっかり者でも、我が社が採用した場合を考えれば、当人にとって幸せではありません。伸び悩んでしまうことが確実だからです。

「守破離《しゅはり》」という言葉を、ご存じでしょうか？

これは茶道や華道のような芸事、あるいは武道などを学ぶ際の基本姿勢で、まずは教わったことを徹底的に「守」るところから始まります。

そうして経験を積み、型を身につけることができたら、初めて他の分野でのやり方や考え方と照らし合わせ、自分に合ったよりよい方法を模索し、教わってきたことを「破」ります。

そして試行錯誤を繰り返しながら、やがては自分なりの型を見出し、教わったことから「離」れて、自分の仕事ができるようになるわけです。

人材を育てる＝ロボットをつくるではありません。それではマニュアル通りにしかできない人材になってしまいます。

そうではなく、私たちは「丁寧な仕事」の型を身につけた上で、お客さまに合わせたサービスを臨機応変に提供できる人材に育てたいのです。だからこそ、まずは「守」で、教える側が伝える型を身につけなければいけません。

そのためには、最初は言われたとおりに行動してみる素直さが必要になるのです。

◎メキメキ実力を伸ばす人の共通点

素直な人間ほど仕事の成長が速い。実際、私自身にも身に染みて味わった経験があります。

それはまだ私が、ピアノ配送の新人だったときのことです。先輩から「前を持て」

と言われて、最初のころは戸惑ったものです。

この「前」とは、グランドピアノの天板側の部分。アップライトだと鍵盤側の部分です。なぜそこを持つのか、言われたときは理由がよくわかりませんでした。

けれども素直に言うことに従って、「前」を持ってみれば、すぐに理由がわかりました。その部分を支えて運べば、少しの力でバランスを取ることができるのです。

仮に理屈を説明されても、私は半信半疑だったかもしれません。

でも、素直に実行することによって、私はそのことの大切さを、腹で納得しました。

この「腹落ち」が非常に重要で、「丁寧な仕事」を意識下に刷り込むには、理屈ではなく、まさに腹の奥深いところで、その方法を徹底的に定着させる必要があります。

まさにそれが「守破離」の「守」の部分であり、素直さでもってそれをマスターしない限り、「破」も「離」もありえないわけです。


実際に会社を経営し、数多くの人材を育ててきた経験からいっても、素直な人のほうが成長するスピードが速い実感があります。

たとえば当社の、2年目になる採用担当の女性社員は「採用」に関することが自分にできるとはまったく思っておらず、最初は「そういう仕事は苦手なんだよな」と思ったそうです。

ところが、「スーパー素直人間」である彼女は、「任されたのだから仕方ない」と、何から何まで初めての経験を忠実に教えに従いながら、こなしていったのです。結果、今はその分野で誰よりもエキスパートと呼ばれるまでに成長し、自らを変化させていきました。

「素直な人」というのは、「行動に移せる人」でもあり、トライ&エラーを繰り返すことができます。すると仕事の経験値も上がりやすく、最初は伸び悩んでいても、ある瞬間にグッと飛躍することができるのです。

頭脳は優秀だけど、行動が遅い人。一方で頭脳は普通だけど、行動が速い人。この2人がいたとしましょう。

試験前の勉強のように、短期での勝負を2人にさせれば、おそらく前者が勝ちます。しかし長いスパンで比べていけば、後者のほうが勝つ可能性は高いのです。そして世の中の大半のことは、長距離のレースで差がどんどん開いていきます。人材はすべて、長期的スパンで考える必要があるのです。

確かに即戦力を求める傾向が現代は強くなっていますが、それでも素直でない即戦力よりは、素直な素人のほうが、絶対に会社に利益をもたらしてくれます。どうにかして「白いキャンバス」を見抜いて採用し、根気よく教育していくべきでしょう。

◎最初に教えるべきは技能よりもマナー

人材育成には順番があります。新たに人を採用したとき、あるいは人材育成をこれから始めるというとき、絶対に守ってもらいたい順番は、「技能よりも先にビジネスマナーを教える」ということです。

私たちの会社では専門のコンサルタントを呼んで指導してもらっていますが、必ずしも講師などを呼んで研修する必要はないでしょう。ただ、ビジネスをする上で、常識として知っておくべきことを学ぶ必要はあります。我が社では新人のみならず、引退して顧問になっている人間も含め、全社員が研修を受けています。

基本は会社の中でルールとされていることでいいのです。その多くはどこの世界でも通用するもので、社会人として技能よりも先に身につけるべきものです。

その理由は3つあり、まず「マウント合戦になるのを避ける」ということ。

ある種の技能が必要なとき、多くの職場で先に必要な技能を教えようとするのですが、すると新人同士で「技能ありきの競争」が起こってしまうことがあります。

たとえば飲食店などは典型的ですが、よくあるのはメニューやレシピを暗記させるようなことです。それだけならいいのですが、「俺はこれができるからエライ」とか、「これがやれるからお前よりも俺のほうが上だ」などと、優位性の争いがすぐに社員同士で起こってしまいます。

とくに売上がほしい現場だと、技能性をとかく競わせるようなことがありますから、皆が自分のことばかりで、お客さまを見て仕事をする人がいなくなってしまいます。

すると前章で述べたように、競い合いの外にあるトイレなどが、えらく汚れているような状況も起こるわけです。

ビジネスマナーを優先させるべき2つ目の理由は、「あとからマナーを教えるのはとても労力がかかる」ということです。

これは1つ目の「マウント合戦になるのを避ける」ということにも関わっていて、人は技能がある程度身につくと、初歩的な基本に立ち返るのを嫌がるのです。「自分はすでにスキルを身につけた。だからマナーのような初歩的なことは、もういい」と考えるわけですね。

こうしてマナーの習得をせずに実践に踏み出してしまった人は、致命的な欠如を背負ってしまう可能性があります。プライドを捨てる決意をしない限り、成長が止まってしまって、次の段階に進めなくなってしまうでしょう。

◎お客さまが見ているのは「技術」でなく「マナー」

仕事のスキルより、先に教えるべきはビジネスマナーである。

その最後の理由は、「そもそもお客さまは、スキルなど見ていない」ということです。

いや、スキルがあるかどうかは、仕事のパフォーマンスを定めるのに重要なことでしょう？……そう、あなたは思うかもしれませんが、実際に自分が誰かに、何らかの仕事を頼んだ場合を考えてみればすぐわかります。

たとえば、冷蔵庫の修理を依頼した場合を考えてみましょう。修理業者がやってきて、1時間ほどかけて修理が完了し、業者は帰っていきました。冷蔵庫は元通りに修理され、また使えるようになりました。

確かに、これは嬉しいことです。

でも、心を震わせるくらいの感動があるかといえば、それほどではありませんよね。なぜなら、修理を依頼して相手がやってきたのだから、最後に冷蔵庫が直っているのは当然のことだからです。

でも、実際はここに、ものすごい修理の裏ワザがあったかもしれない。他の人なら

2時間とか3時間かかるところを、たまたまこの修理業者だったから、優れたスキルによって1時間で済んだのかもしれない。あるいは同業者だったら一目でわかるほど、その修理の仕上がりは、美しいものだったのかもしれません。

しかしほとんどの人は、その価値など判断できないのです。せいぜい機械好きの人が感心するだけ。

もちろん社内では尊敬を集めるかもしれませんが、専門的なスキルなど、結局は社内でしか評価されないものなのです。


ところが「マナー」の領域なら、どうでしょうか？

たとえば修理のために冷蔵庫を移動させたとき、設置場所の埃まみれの壁や床を、ピカピカになるまで掃除してくれた。あるいは古い冷蔵庫を特別な洗剤で拭き、長年取れなかった汚れを全部、落としてくれた……。

このときは「そんなことまでしてくれるの？」と、感動してしまいますね。

修理してもらった事実よりも、こうしたサービスには心を動かされます。

つまり、お客さまが喜ぶのは技術でなく、立ち居振る舞いや所作など、マナーや意識に属する行為なのです。お客さまはそれを注視していないかもしれませんが、仕事後の印象には明確に残ります。

「いい修理屋さんだったね」と印象に強く残るのは、腕のいい修理屋さんでなく、明らかにマナーのいい修理屋さん。それは、自社のビジネスを「サービス業」としてデザインし、社員に教育しているところにしかできないことです。

だから優先すべきは、技術よりもマナーになるのです。私はよく「技能の差は僅差。人の差は大差」と言っているのですが、即戦力がほしい会社ほど、余裕をもってスタッフの教育を考えるべきです。

◎お客さまを感動させる「5つのマナー」

マナーというのはお客さまの前で披露するものでなく、普段から会社の中でルールとされ、習慣づけられているものであるべきです。

その基本として、必ず身につけるべきは次の5つであり、お客さまの前に立っても、この5つが振る舞いの基本になります。

①挨拶
②身だしなみ
③言葉づかい
④全体的な所作
⑤基本マインド

それぞれについて説明しましょう。

①挨拶でお客さまが抱く印象の9割が決まる

第一印象が9割というくらい、お客さまが抱く印象は、初対面のときの印象に左右されるといいます。

その最初の印象を決定づける要因の1つが、挨拶です。

実際、最初の挨拶がしっかりしていれば、そのあとの仕事で些細なミスがあったとしても、お客さまがいい印象で仕事を評価してくださることは、よくあります。「気持ちのいい人が来たなあ」とお客さまは終始、いい気持ちでいてくださるから、「ミス」という認識はあまり持たれないのです。

これは最後の挨拶も同様で、終わりの印象がよければ、作業途中の問題が何事もなかったように評価されることもよくあります。

もちろん、「挨拶を丁寧にすれば、他の作業が雑でも構わない」ということではありません。

せっかく丁寧な仕事をしているつもりでも、最初と最後の挨拶でお客さまを不快にさせてしまったばかりに、評価が下がってしまうのはもったいないことでしょう。時には挨拶で嫌な印象を与えてしまったばかりに、何気ないことが誤解されて、クレームにまで発展してしまうケースもあるのです。

だからこそ社員を教育する側は、どんなお客さまにもいい印象を与える挨拶の「型」を、社員たちに徹底して身につけてもらわねばなりません。

私の会社に入った社員は、挨拶について、うるさいくらいに指導を受けます。

詳しくはまた④の「所作」のところで述べますが、「挨拶訓練」という言葉があり、毎朝トレーニング的に挨拶を実践し、月1回の試験も行っているくらいなのです。

この試験も、先の「掃除」が楽に思えるくらいで、「お辞儀の角度は正しいか」「お辞儀のスピードは早くないか」「数人でお辞儀するときは、全員が揃っているか」など、チェック項目も多岐にわたります。

社員たちには悪いのですが、そこまで徹底するのも、やはり挨拶の良し悪しは会社の評判に直結するからです。

気の利くサービス、行き届いたマナーを徹底し、社員の意識も高いのに、ただ1つ挨拶の仕方だけで、点数を下げてしまっているホテルなどはいくらでもあります。とくに日本には作法がありますから、お客さまにも所作に厳しい人が多くいるのです。

具体的な挨拶の仕方は、あとでまた説明しましょう。

②「清潔感」は身だしなみで決まる

今、女性に「恋人にしたい男性に求めることは？」という質問をすると、多くの女性から「清潔感」という言葉が出てくるそうです。

すでに仕事ができるビジネスパーソンの条件として「外見」が重視される世の中になっていますが、その外見をつくり出す要素として「つねに清潔でいること」は、いちばん気をつかうべきところでしょう。

第1章でユニフォームを統一したり、タバコを控えてもらったりという話をしましたが、私たちはお客さまの家に直接訪問して、大切なピアノに手で触れて運び出すという、お客さまと密接に関わる仕事をしているわけです。当然ながら、近寄り難いほどの不潔な人間が、それを担うことを許されるわけもありません。

だからことのほか「清潔感」は重視しているのですが、この清潔感をつくり出すものは、普段からの「身だしなみ」です。

寝ぐせのついていない整った髪型、派手すぎない髪の色、髭を剃っていること（または丁寧に髭がデザインされていること）、しわのないパンツやシャツを着ていること、汗臭い臭いやタバコの臭いがしないこと、制服をきちんと着こなしていること……。

これらは初歩の初歩にあたる身だしなみですが、お客さまの家に伺って大切なもの

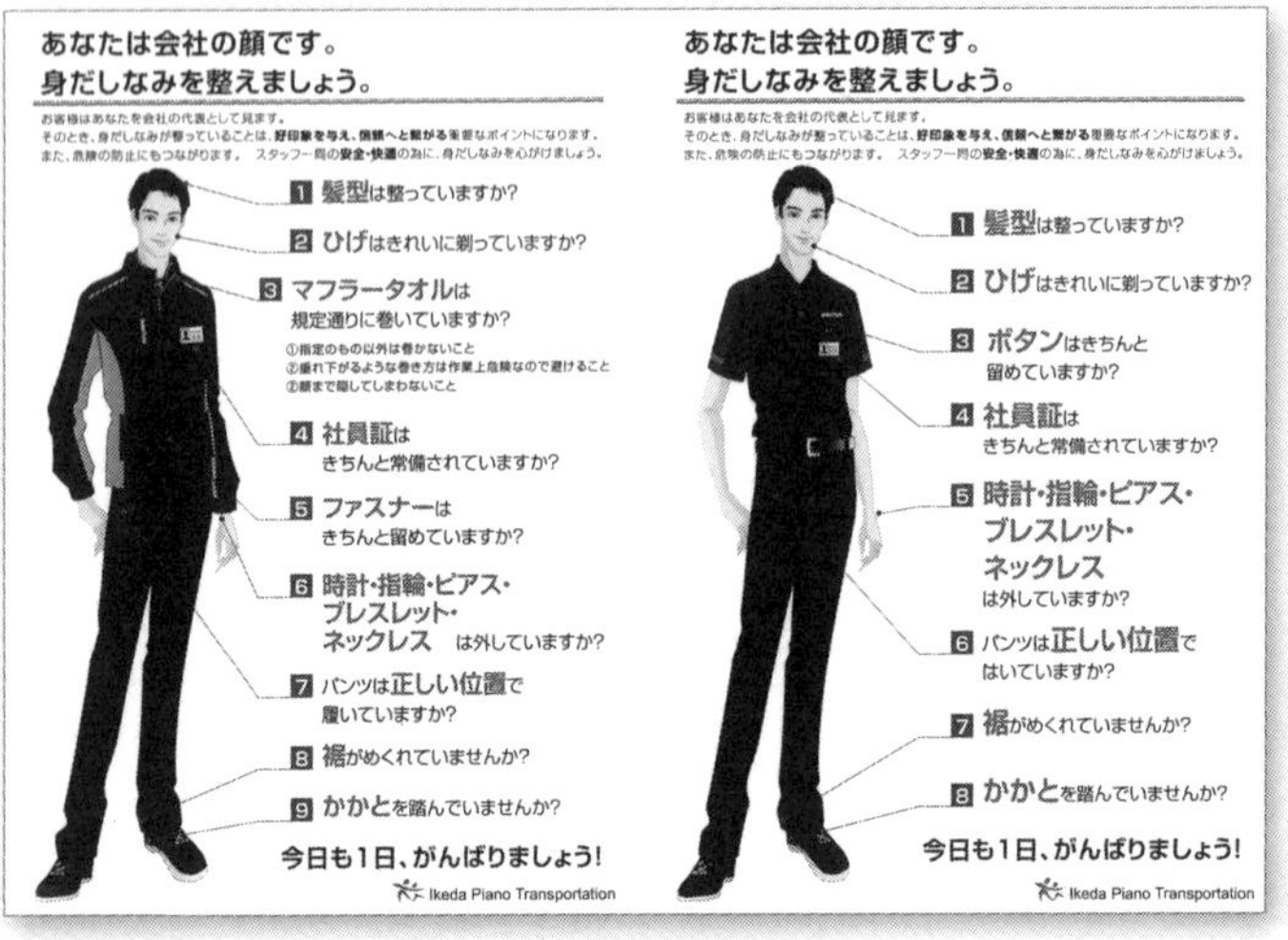

私たちの会社で使用している身だしなみのチェックリスト

を運ぶ以上、私たちの会社では、社員にはルールに従ってもらいます。

制服ではありますが、きちんとスタイリストさんにも指導をいただき、正しい着こなし方を身につけるのが原則です。お客さまの家の門をくぐる以上、「自分はこういうファッションにしたいから」とか、「自分は外見に対して、こういう考え方だから」という道理は通りません。

もちろん仕事によって、あるいは属する会社や組織によって、身だしなみにはさまざまな規定があるでしょう。私たちが採用している厳しいルールが、すべての業界に適合するとは思っていません。

大切なことは、自分たちの組織における考え方をきちんと提示して、社員にもそれを踏襲してもらうよう考え方を一致させることです。

いくら服装が自由だからといって、周りの人間を不快な気持ちにさせる状態を放置していいわけがないし、それはチームの業績にも影響します。いくら仕事のスキルがあっても、「皆に迷惑をかける社員」では、長期的には損失をもたらすのです。その点は教育でカバーしなければなりません。

③言葉づかいで同業他社に差をつける

正しい言葉づかいとして、ビジネスシーンで重要になるのは、なんといっても「敬語」でしょう。

組織で働いている人間であれば、基本的な敬語はすでに身についていると思いたい。しかし長く間違った使い方が浸透していたりして、知らず知らずのうちに不正確な敬語を使っていることはよくあります。

最近ではそんな敬語を、ファミコン言葉（=ファミレスやコンビニで使われている言葉）とか、バイト敬語と言ったりするそうです。

ただ、敬語の使い方を間違えているのは、必ずしもそういった場面だけとは限りません。


たとえば出張から帰ってきた上司に対して、「ご苦労様です」という言葉をかけることはないでしょうか？

この「ご苦労様です」という言葉は、本来は目上から目下に対してかける言葉で、上司に対して使うのは間違い。「お疲れさまです」と言うのが、本当は正解です。

相槌で使われる「なるほど」という言葉も、目上の人に使うのは、本来、望ましくありません。それをわかってか、「なるほどですね」とわざわざ丁寧語にする人もいるのですが、こちらは日本語としておかしくなります。


もちろん、それでも気にすることなく、私たちは日常会話を行っています。しかし、だからこそ、きちんとした言葉づかいに修正すれば、それだけで「あの会社は言葉づかいが丁寧だな」と差別化することもできるわけです。

実際、ピアノ運送の業界を見れば、狭い業界であり、マナー教育を徹底して言葉づかいを是正するようなことはしていないことがほとんどです。周りを見れば、お客さまに対して「了解しました」と、間違った敬語を使っている会社ばかりでした。

そんななかで、私たちだけは「かしこまりました」という言い方を徹底して、正確な敬語にこだわったわけです。それが正しい日本語であることは認識されなくても、やはり「なんとなく丁寧だな」という印象は持たれたのだと思います。私たちは他の会社とは一線を画す存在として、自社を差別化していくことができました。

自分の業界で一般的になっている言葉づかいを、一段階グレードアップさせるだけでいいのです。その差に気づくお客さまは、ちゃんと存在しています。

④同じ行動でも、所作によって印象は変わる

挨拶、身だしなみ、言葉づかいに加えて、その他の全体的な所作も重要です。同じ行動をしていても、所作が丁寧であることで、お客さまに与える印象はガラリと変わ

ります。

そもそも「所作」というものを、多くの人はあまり気にしていないかもしれません。所作とは簡単にいうと、「振る舞い」や「身のこなし」のことです。

挨拶でいうなら、単に頭を下げるだけでは、挨拶になりません。その他に、次のような条件を満たしている必要があります。

・口角がきちんと上がり、はっきりとした笑顔がつくられている
・お辞儀の角度が適切な45度である
・頭を垂れるだけでなく、体が折り曲げられ、顔はお客さまのほうを向いている
・腰から背中は真っすぐになっている
・声の大きさは、その場に合ったボリュームになっている

先に「挨拶訓練」の話をしましたが、これだけの満たすべきポイントがあるからこそ、厳しくチェックせざるを得ないのです。

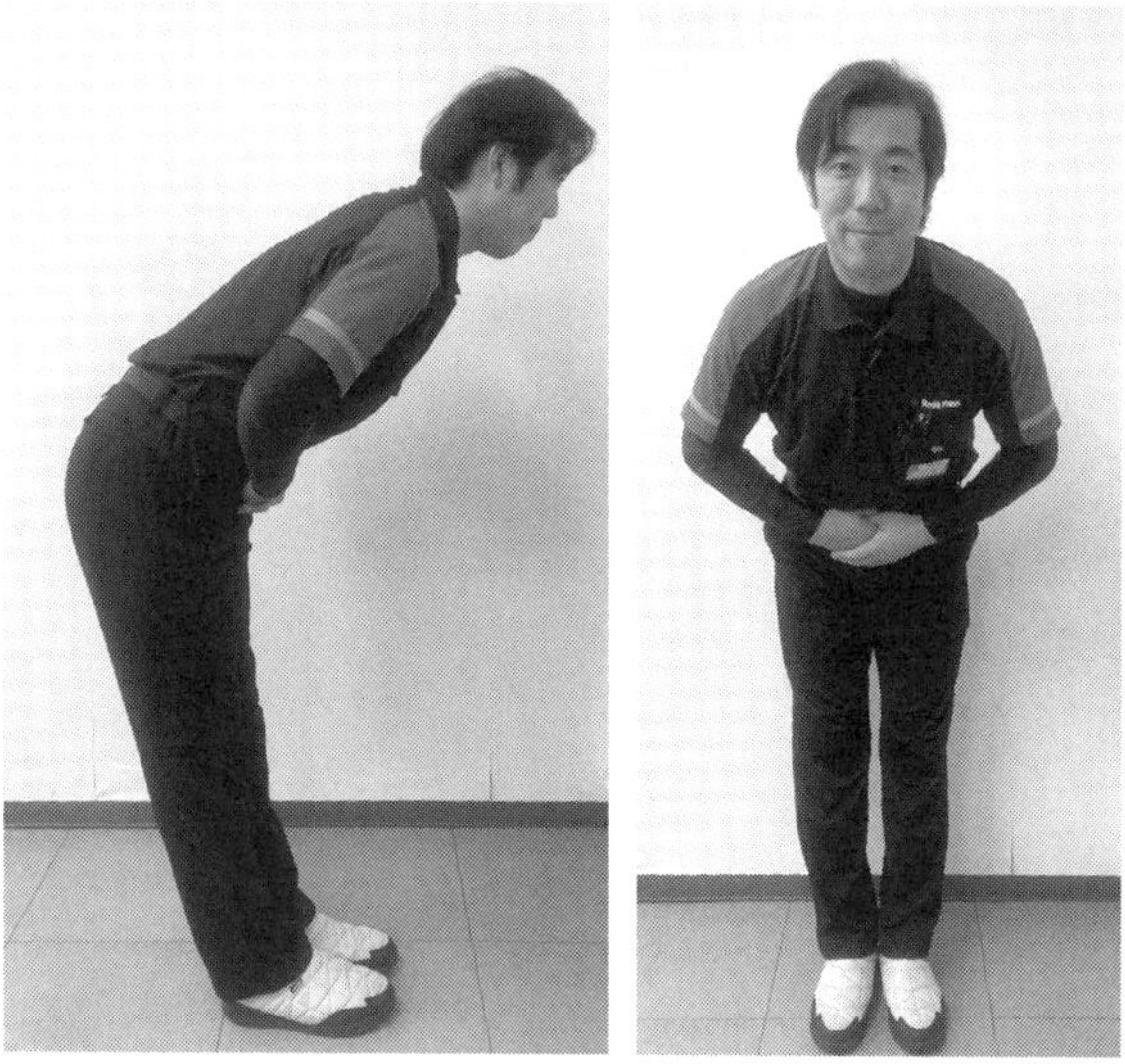

お辞儀の角度は45度。顔はお客さまのほうを向きます。

他に「所作」ということに関しては、あげ出すと切りがないくらいに、たくさんの要素があります。

たとえば私たちの仕事はお客さまの家に上がらせていただきますから、その際に「靴を揃えること」が、所作として重要になります。

基本として、靴を脱いだときに、きちんと向きを揃えれば、それだけでお客さまは「きちんとした仕事ができる人間だ」とこちらを判断してくれます。

さらにそのとき、玄関に散らばっているお客さまの靴があったら、どうするでしょう？

これも併せて何気なく揃えておけば、お客さまは「うちの靴まで気づいて、揃えてくれたんだ」「気配りがよく行き届いているな」と喜んでくれるわけです。

別に大変なことではありません。ただ、「気づいたら揃えておく」と、社員が意識しておくだけでいい。

しかも玄関の靴が揃っていれば、ピアノを運び出す我が社の仕事もやりやすくなるわけです。

他にも、

・歩くときに踵を摺《す》らないこと
・商品を置くときに、なるべく音を立てないこと
・置いた商品の向きを整えること
・道具を静かに置いて、埃がたたないようにすること

などなど。追求していけば、業種・業態によって、さまざまな「お客さまを感動さ

せる所作」があるのです。

ご自身の業界でぜひ、それぞれを洗い出し、見直していくことをおすすめします。

⑤基本マインドは、お客さまへの「ヘルピング」

マナーの5つ目は、「マインド」です。「心構え」ということです。

そもそも私たちが行っている「仕事」とは、一体なんでしょうか?

業界によって、それはさまざまでしょう。運送業界の仕事は、「運ぶこと」ですし、物販や小売業であれば、「モノを売ること」。飲食業であれば、「料理を提供すること」など。

これらは一般的に「業務」と呼ばれるものであり、その内容は業種・業態によって異なります。

しかし第1章で述べたように、商売のゴールデンルールは、「お客さまの問題・課題を解決すること」なのです。

お客さまは基本的に問題や課題を抱えていて、それを解決したくて商品やサービスを購入します。たとえば飲食業であれば、お客さまの問題は「お腹が減った」ということであり、それを解決するために食事をします。お客さまが何も求めていないことをしても、商売は成り立ちません。売上はお役に立てた結果で、お客さまに心から喜ばれた結果が利益になるのです。

商品・サービスを提供する側のマインドは、この「お客さまの問題・課題」に寄り添っている必要があります。

つまり、仕事をする際の基本マインドは、「お客さまを助けること＝ヘルピング」であり、「運ぶ」「売る」「料理を提供する」といったことは、その手段にすぎません。

ですから商売をする人間が持つべきマナーの大原則として、私たちはまず「お客さまが何に困っているか」に耳を傾ける必要があります。その困りごとを自分たちの商品やサービスで解決できるならばお客さまに提案し、できないのであれば、他社の商品やサービスを考えてもらう。そうしてお客さまに問題や課題を解決していただくのが、マインドの基本なのです。

5つのマナーは、しっかりと上の人間が下の人間に教えるべきものです。しかし上の人間は、つねに自分がマナーを守っているかを、厳しい目で自己評価していかなければいけません。

◎「3人の石工」に学ぶマインドの力

仕事における基本的なマインドを理解するたとえ話として、有名なのが「3人の石工（石切り職人）」の話でしょう。これは有名な経営学者、ピーター・F・ドラッカーが著書『マネジメント』の中で紹介しているものです。

あなたも聞いたことがあるでしょう。3人の石工に、「なぜ、あなたは石を切り出す仕事をしているのだ――」と尋ねたときの話です。

1人目の石工は、「これで暮らしを立てているのさ」と答えます。しかし2人目の石工は、槌を打つ手を休めず、「国中で一番、腕のいい石切りの仕事をしているのさ」と答えます。

当然、1人目の石工より2人目のほうがモチベーションも高いのですが、それにも増して仕事を楽しんでいるのが、3人目の石工です。彼は質問に対して目を輝かせ、夢見心地で空を見上げながら、こんなふうに答えたのです。

「今自分は歴史上にいつまでも残る、偉大な大寺院をつくっているんだ」

この3人の石工の話は、自分の「仕事」に、どのようなマインドを持つべきかを示しているわけです。

1人目は単に「稼ぐ手段」として仕事をとらえ、2人目は「専門的なプロフェッショナル業務」ととらえていた。そして3人目の石工は、「自分の仕事が、それを依頼しているお客さまである国家の未来や、多くの人間の幸福につながっている」とまで考えていたわけです。

どのような意識を持ち、意味づけをするかによって、同じ仕事でもまったく価値が変わってくることがわかるでしょう。

そこで私の会社では、どんなふうに「仕事におけるマインド」を社員に伝えているか？　前項でピアノを運ぶことが、私たちにとっての「お客さまの問題・課題」を解決する手段なのだと述べました。

ドラッカーの話に当てはめると、1人目の運送屋さんとして、自分は「ピアノを運ぶことで生計を立てているのだ」と述べる人がいる。2人目の運送屋さんは、「ピアノを傷つけずに運び、キレイに拭きあげて、完璧な状態で納品しているのだ」と自慢げに語る。一見すると、「丁寧な仕事」をするには、2人目のような意識を持てばいいように思えます。

でも、そうではない。3人目の石工がピアノ運送会社の社員だったら、一体どのように答えるでしょう？

「自分が運んでいるのは、単にピアノというだけのものではない。とある家族の思い出であり、団らんの記憶であり、一族の人生そのものなのだ」

実際、ピアノというのは、日常生活になくてはならない〝必需品〟ではありません。

しかしピアノは中級モデルであっても、数百万円という値がつくこともある高級商品です。それこそ自動車を買うのと変わらないくらいの価格でしょう。

しかも買う人からすると、とても思い入れのある商品になります。

まず買うハードルが高い。ご両親が子どものために買い与えることが多いのですが、新品であっても中古であっても、お金を貯め、大きな決断とともに購入します。

そして子どもが習い事でピアノを演奏したり、家族で一緒に演奏したり……。家族団らんの思い出は、子どもの成長とともに増えていきます。

車と違って、一度買うと、おいそれと買い替えることはしない。「家にずっとある」ということで家を彩るインテリアの1つとなり、時間とともに価値は積み重ねられていくものです。

さらにピアノの役割は、そこで終わりません。

子どもが成長し、結婚したりすると、かなりの確率でピアノは最初の家を離れ、子どもの新居に移動します。

親になったかつての子どもたちが、今度は自分の子どもにピアノを与え、一緒に演奏したり、演奏する姿を眺めたりして、新たな思い出をつくっていきます。そうして家族団らんの記憶が、1つのピアノの価値に積み重なっていきます。

ピアノとは、そういう楽器なのです。

自分たちの仕事は、こんなふうに家族団らんの記憶を積み上げていくための助けをすることなのだ……。

これが仕事に「ミッション性＝使命感」を持つ、ということなのです。

◎南極にたった1人、冒険家が歩き続けられる理由

どのような仕事であっても、ミッション性を持っていれば、自分の仕事に対して大きな達成感を得られます。

歴史に残る偉大な寺院をつくるために仕事をしている石工、あるいは受け継がれていく家族団らんの記憶を積み上げていくためにピアノを運んでいる運送業者、彼らはその仕事が大きな意義を社会に残していくことを知っているのです。そのため一人ひとりのお客さまを大切にし、その問題や課題を解決することに真摯になりますから、必然的に「丁寧な仕事」が実現できます。

確かに世の中には、「本来、自分がやりたかったこと」とは違う仕事をしている人も多いでしょう。

望んでいなかった仕事に、「ミッション性=使命感」と言われても、なかなかそこまでの情熱は持てないかもしれません。

しかし世の中には、必要のない仕事などはないのです。どんな仕事にも、そこにはお客さまの解決したい問題があり、それを解決することは、些細であっても世の中を明るい方向に動かしていきます。

だから、どんな夢を持っていたとしても、まずは目の前の仕事に向き合い、その仕事の先にある、情熱をかけるべき使命を見出してほしいのです。

帝国ホテルの料理長を務めた村上信夫さんは、新人のときにずっと皿洗いばかりをさせられたそうです。「それなら皿洗いだけは誰にも負けない実力を身につけてやる」と1枚1枚に力を注いだ結果、先輩たちから認められることができたといいます。

あらゆる仕事での成長がそこから始まるのです。だから私たちも、技術を教える前のマナー教育の段階で、こうした使命感について考えてもらいます。

一方で私は前に、プロの冒険家、阿部雅龍《まさたつ》さんのお話を聞いて感動したことがあります。阿部さんは1人で2ヶ月間、南極で780キロを移動するような過酷な冒険をしたのですが、一体どんなモチベーションがあれば、そんなハードなことができるのか、かねて疑問に思っていました。

南極のような過酷な環境を歩いている間、彼は当たり前のように普段の日常を過ごせているときの楽しさを考えていると、力が湧いてくるそうです。

食べ物が当たり前のようにあり、当たり前のように整備されたインフラがあり、支えてくれる仲間たちがいる。皆が当たり前すぎて気づいていない、そんなありがたさをちゃんと伝えるため、自分は過酷な環境に身を置き、冒険をする……。

阿部さんのお話を聞いて、何としてもつらい状況を乗り越えようと、励まされました。

こうしたことも、やはり「ミッション性を持つ」ということなのでしょう。どんな仕事にも「お客さまの問題を解決する」という使命はありますから、1つの仕事でそれを追求できれば、他のあらゆる仕事でも成功できる可能性があります。

とくに新型コロナウイルスによる長い自粛が明け、あらゆる業界で仕事の仕切り直しが必要な時代になっています。だからこそ、物事のプラスの面に目を向け、あるものに感謝することにより、使命感が自然と湧き上がってくるのかもしれません。どんなときでもそこにあるものに目を向ける。私はこれを「あるあるフォーカス」と名付けています。この思考法を身につけると、どんなに過酷な状況下でも最強になることができます。

◎社員を育てる「自立」のすすめ

会社が何かを教えることとは別に、実は社員を成長させる効果的な方法があります。おそらくは賛否両論があり、そうできない環境の人もいるでしょうが、それでも我が社で入社条件にしているのは「必ず一人暮らしをすること」です。

むろん、すでに結婚をして家庭を持っている場合は別ですが、親元にいる場合は、たとえ職場と実家が近かったとしても一人暮らしをしてもらっています。理由はシンプルで、自立し、1人で生き抜く力を身につけるためです。

「親元にいても、ちゃんとお金を入れていればいいじゃないか」と思うかもしれませんが、衣食住がすべて賄われていて、給料の一部を入れたら残りはおこづかいになる環境では、人間は自立できないと私は考えるのです。そういう私もかつては自立できていない人間でした。

しかし、仕事をする上で、自立心を養っておくことは非常に重要です。

自分で調理器具や食器を揃えるところから始まって、毎日の買い物、調理、片づけ、栄養管理まで、すべて自分1人の手でやらなければいけません。食事以外にも、家の契約、掃除、洗濯、ゴミ出し、戸締りの管理、家賃や光熱費の支払いなど、何もかもを自分でスケジューリングし、行動しなければいけません。

親元にいると、これらのことはほぼ、親任せになってしまう。だから親のありがたみがわからないし、家族の重要性もわからないのです。

もう一つ、一人暮らしをするメリットは、仕事からの逃げ道がなくなることです。自立してしまうと「職を失うこと」が、「収入減」につながる可能性があります。親元にいればゆっくり次を探せますが、一人暮らしではそんな余裕はなかなかないでしょう。

もちろん、それでも辞める人は辞めるのでしょうが、逃げ道がなくなることで、仕事に対して本気で取り組むように変わるのです。本気になったら、お客さまに喜んでもらえるように、丁寧に仕事をしてお客さまからの評価を上げるしかありません。社内でも自分の評価アップにつながり、自分の生活も豊かになっていきます。

学生結婚後に当社に入社し、すぐに子どもが生まれた社員がいるのですが、最初はお金がないからと実家に住もうとしていました。「親もそれだと安心するから」と言います。

しかし私は彼に、3人で生活していくことをすすめたのです。

そうすることで、彼らは〝最低レベル〟を知ることができます。最初はお金がなくても仕方がありません。夫婦で協力し、工夫をしながら、少しずつ生活レベルを上げていけばいいのです。

逆に、親と同居して最初からそこそこの生活レベルになってしまうと、レベルを落とさざるを得なくなったときに耐えられません。ゼロからスタートしておくことで、あとは登るしかなくなりますし、厳しさに耐えられる強さも身につきます。

実際、今や彼は、若手社員をまとめるリーダーに成長しています。

◎「雑な人」が丁寧に変わる3つのコミュニケーション術

本章の冒頭で、「手先が不器用な人は、そもそもの思考までも不器用になっている傾向がある」ということを述べました。

思考が不器用な人には、「俺が俺が」で人の話を聞こうとしない人が多くいます。私の会社ではこれを「オレオレ怪獣」とか「オレさま王」と呼んでいます。

何事も「俺がルール」という考え方ですから、仕事は自分主体で雑になりますし、お客さまにも雑な人に映り、社内ではパワハラな人になってしまいます。普通であればサービス業には不適格な人間です。

しかし、こういう「オレオレ怪獣」な人でも、教育によって「丁寧な仕事」ができるようになるのです。コミュニケーションの主体を「自分」から「他人」に移し、主語を「相手」にして考えられるよう教育していきます。

その際のポイントは、次の3つです。

①バックトラッキング……オウム返し
②ペーシング……相手とペースを合わせる
③ミラーリング……相手のしぐさなどを真似する

これはいずれもNLPで取り上げられているスキルで、言語学と心理学から生まれたもの。NLPは、「Neuro Linguistic Programming（神経言語プログラミング）」の略称で、リチャード・バンドラーとジョン・グリンダーによって開発されています。

すでに多くの企業のコミュニケーションやマネジメントに取り上げられているのはご

存じの方も多いでしょうが、私はＮＬＰのマスタープラクティショナー（上級実践者）の資格も持っています。

それぞれを解説しましょう。

①バックトラッキング

丁寧な仕事をするためには相手への思いやりが大事で、そのためには相手の話をよく聞くことが必要になります。

しかし、雑な人は、この「聞く」ということが、なかなかできません。たとえば「相手が何を知りたいか」をきちんと聞いていなかった場合は、的外れな報告をしてしまうといったことが起きます。報告された側はさらに質問を重ねたり、報告を繰り返してもらったりして、ロスが発生します。

商談などでも、取引先が求める回答ができずにストレスを感じさせてしまったり、最悪の場合は取引停止や契約を結べないなどの「失注」につながります。

そうならないために相手の話を聞くことが大事なのですが、そのときは単に聞くだけでなく、相手が言ったことをオウム返しで繰り返すのです。

「このピアノは2階の応接室に運んでください」

「2階の応接室ですね」

こんな具合です。

自分の勝手な解釈を入れず、相手が言ったことを、そのまま繰り返す。これが「バックトラッキング」ですが、人間は誰しも、自分なりの考え方や固定観念を持っています。

ですから相手が話したことを頭の中で勝手に解釈し、理解したような気になってしまう傾向があるのです。それが相手の心を読めず、ストレスを感じさせる原因になるのですが、バックトラッキングはそれを防ぎます。

相手の言うことをそのまま繰り返し、その都度、「〜ということですね」と確認していく。これが確実に丁寧な仕事へつながっていきます。

②ページング

バックトラッキングをするためには、相手と向き合って話を聞くコミュニケーション術が必要になります。そのコミュニケーション術には2種類ありますが、1つ目が「ペーシング」です。

ペーシングは「話し方」「状態」「呼吸」を、相手のペースに合わせることです。たとえば「話し方」であれば、相手の声の調子や話すスピード、声の大小、音程の高低、リズムなど。相手が早口であれば、自分も少し早口に。ゆっくり控えめであれば、自分もそれに倣ったトーンと声量で話します。

さらに「状態」のペーシングは、相手の気分の明るさや暗さ、静けさ、感情の起伏などにも同調します。興奮して話をしているなら、自分もその感情に乗って、興奮したリアクションをしていくわけです。

「呼吸」にペーシングするときは、相手の肩や胸や腹部の動きを観察しながら、同じ呼吸のリズムになるよう合わせていきます。「話し方」と「状態」が「聞くこと」だったのに対し、こちらは「相手を見ること＝観察すること」がポイントです。

このようにペーシングを行っていくと、自分と相手の間に一体感が生まれ、話す側も安心して話をすることができるようになります。

そして、聞く側である自分も、より興味を持って相手の話を聞く姿勢になれるのです。そうして相手との信頼関係は、より深まっていくことになります。

③ミラーリング

相手と向き合って話を聞くコミュニケーション術のもう一つは、「ミラーリング」です。

こちらは文字どおり、「ミラー＝鏡合わせ」のように相手の身振りや動作を真似ること。真似るのは、相手の姿勢や座り方、身振り・手振り、表情などです。

相手が前のめりで話をしていたら、こちらも前のめりで話を聞く。それによって、相手と同じテンションで話を聞いていることを表現することができます。

相手が悲しそうな表情をした際は、こちらも悲しそうな表情で返す。相手は自分の話に共感してくれていると感じます。

ミラーリングとは、聞き手が話し手を理解する手段にもなるのです。慣れてくるとペーシングと同時にできるようになりますし、コミュニケーションの達人たちは、この2つを自然と同時にやっています。

ただ、ミラーリングでは、「相手より少し遅れたペースで真似をする」ということを意識しましょう。

想像してみてください。相手がグラスに手を伸ばしたら、すぐに自分もグラスを手にする。前のめりになったら、すぐに前のめりになる……。こんなことをされたら、少し気味が悪くなりますよね。

つまり、露骨にミラーリングをすると、相手を気味悪がらせたり、不信感を抱かせたりしてしまう可能性もあるのです。だから少しタイミングをずらし、相手に不信感を持たれないように実践してみましょう。

「バックトラッキング」「ペーシング」「ミラーリング」の3つを取り入れ、相手の話を聞くことでコミュニケーションが円滑になり、お互いに「好き合った状態」で話をすることができます。

もちろんビジネスは、相手の話を聞くだけでは成り立ちませんので、会話時間にはある程度の区切りが必要です。それでも相手の抱えている問題や課題をヒアリングできるようになると、その分、よりよいサービスを提供・提案できるようになり、真の問題解決に近づくことができるのです。

また、私の会社の例ですが、先述の〝オレオレ怪獣な社員たち〟がこのコミュニケーション術を身につけた結果、離職が少なくなる効果も出ています。

○言葉づかい1つで、「不幸を描く天才」が減る

お母さんが自転車に乗る子どもに、「飛び出しちゃダメよ」「車に気をつけなさい」と声をかけたにもかかわらず、子どもは元気いっぱいに走り出して人にぶつかったり、車にはねられて事故に遭ってしまったり……。

このような不幸は、現在でも相変わらず絶えることなく、起こっています。

「子どもだから、事故が起こるのは仕方がない」

そんなふうに考えてしまったら、マネジメントとしては要注意です。あなたが上司であれば、同じように事故を起こさせる言葉がけを部下にしているかもしれません。

実は人間は、「不幸を描く天才」なのです。

これは脳の構造上の問題で、人間は何かを言われたとき、その言葉の冒頭部分だけを無意識に受け取ってしまう傾向があります。つまり母親から「飛び出しちゃダメ」と言われたら、「飛び出す」の部分だけを子どもの脳は受け取ってしまう。

結果、その通りに飛び出してしまい、事故が起こるわけです。

とくにマイナスの言葉は、よりリアリティを持って脳に伝わります。だから私たちの業界では、「事故を起こさないように気をつけてね」とドライバーを送り出すと、逆に事故が起こりやすくなってしまうと言われています。

普段からニュースや動画サイトなどで見ている事故の映像は、「過去に見たイメージ」としてすべて、私たちの脳内に保存されているのです。「事故を起こさないように」という言葉は、無意識の中にあるそんなイメージを、表に掘り出してきてしまいます。

それを避けるために、私の会社では「元気に帰ってきてね、よろしく」などと、ポジティブな言葉をかけるようにしているのです。

これにより、マイナスの事象を避けることができます。「不幸を描く天才」を生み出さないために、言葉をかける側は気をつけるべきでしょう。

もちろん個々の社員が使う言葉のすべてを、上司や管理者側がコントロールできるわけもありません。だからせめて、部下に対して声をかける際の言葉づかいを、今のうちに意識してシフトチェンジしましょう。

具体的には、次のような言葉です。

・ミスをするな → 手順どおりに作業をしよう
・ケガしないように気をつけて → 安全に帰ってきてね
・脇見運転をしないで → 前を見て運転しよう

・飛び出さないで→左右を見て安全なら進みなさい
・スピードを出さないで→制限速度を守って走ろう
・散らかさないで→物はきちんと整えて
・慌てないで→落ち着いて

部下に成功してほしくない、お客さまとトラブルを起こしてほしい、と考える上司は1人もいないはずです。

声をかける側の意識や気づかい1つで「不幸を描く天才」を減らせるのですから、何気ない言葉にも注意するようにしましょう。

◎上司は感情でなく、丁寧さで部下と付き合う

本章ではずっと人材の育て方について語ってきましたが、それでもミスは起こるし、誰でも失敗はします。それらについて、いちいち叱っていても仕方がありません。

たとえば、お客さまの大切なピアノに傷をつけてしまった。お客さまはそれに対して、たいそう怒っている……。

1年に1度、あるかないかですが、それでもまったくないことではありません。どんなに慎重に仕事をしていても、躓いたり、作業をしているお客さまのご家族とぶつかったり、なんらかのトラブルに遭遇することはあります。

それで、お客さまが怒ってしまった……としても、やはり安全第一です。大切なことは「何があったか」を明らかにし、「どうすればこれから、同じことが起こらないようにできるか」を一緒になって考えていくことでしょう。

そんなふうに私たちは「コト」に対して向き合うのが原則で、あまりゴチャゴチャしたことは社員に言いません。

あとは、「はい、反省文」とか、「はい、始末書」と、社長としては機械的に対応しています。

ただ、「クレームを報告しない」という場合のみは、私も激しく叱ることがあります。お客さまのクレームに対し、「会社として把握していない」という、一番まずいケースになる可能性もあるからです。時にクレームをいただくのは仕方のないことですが、それを隠すのは最悪なのです。

それでも「報告しない」というのは、「上司に叱られることを怖がっている」のが前提にあるのでしょう。それを防ぐためには、上の人間は下の人間に対し、極力、怒りをぶつけることは避けるべきです。

怒りというのは、そもそも相手に対しての感情ではないのです。

では何かといえば、怒った自分の感情が、自分の中のモヤモヤした気持ちに火をつけているだけ。だから出発点は部下の失敗であっても、怒りの多くの部分は、自分の中でのストレス解消なのです。

そんなエネルギーをぶつけられる部下は、たまったものではありません。次章では会社側の「環境整備」について触れていきますが、会社は社員に「ストレスを与えない環境」を提供していく必要があります。

社長が口うるさく部下に何かを言うのは、とかく部下にはストレスになるものです。

だから私はできるだけこちらから何かを要求せず、皆のほうから聞きたいことを質問するようにうながします。

あとはストレスチェックの制度も取り入れ、管理職の人間には、部下のモチベーションに対してつねに気をつかってもらっています。

長いコロナ禍のせいで、今多くの会社で上司と部下の関係はギクシャクしているでしょう。そんなときだからこそ、立場が上の経営者や上司は、最前線で働く部下に対して、もっと丁寧に付き合うことを考えるべきでしょう。

第4章

「丁寧な仕事」を「仕組み化」する

◎なぜ環境整備が必要なのか？

私たちの会社では、整理、整頓、それに清掃などを「5S」として人材育成に組み込むことで、「丁寧な仕事」ができる社員を育てていることは第2章で説明しました。

しかし整理・整頓に始まる環境整備は、単に社員を教育するためだけのものではありません。社内の価値観を変え、利益体質を改善し、業績アップするのにも欠かせないものと私は考えています。

こう説明すると、大掛かりな整備が必要だと感じられるかもしれませんが、どんな職場でもすぐに始められることなので、ご安心ください。

私の師匠であり、コンサルタントでもある「株式会社武蔵野」の小山昇代表取締役社長はよく「形から入って心に至る」とおっしゃっています。人間は単純なもので、目に見えるものが変われば、意識も変わります。

たとえば単純な話、部屋が汚いと、心も汚れていきます。その部屋を掃除して、す

車内環境整備の例

っきりと片づいたなら、心もクリアになっていきます。

環境が人に影響するのですから、私たちの会社では、車中に置くものの位置まで、すべて「考えるところの最適な配置」に統一しています。

普段いる場所が、人の心に影響し、人を成長させるのです。それによって社員のパフォーマンスも変わるし、お客さまからの評判も変わる。売上も当然ながら、変わってきます。ならばマネジメントする側は、少しでも環境をよりよいものにしようと、普段から考えていくのは当然のことでしょう。

また、環境整備は、社員の仕事の「丁寧

さ」を維持するには絶対に必要です。そのため、会社側が環境整備を徹底するのは当然のことなのです。

ではどんなふうに、我が社が環境整備の仕組みをつくっているか。その工夫を本章では少し紹介しましょう。

◎「整頓ができない」から多くの時間が奪われる

環境整備の仕組み、まずは5Sの最初の2つになる、「整理・整頓」から考えてみましょう。子どものころから、私たちが言われ続けている、この2つの言葉。その本当の意味は何かということは、すでに第2章で紹介しました。

- 整理……いるものといらないものを分け、いらないものを徹底的に捨てること
- 整頓……整理したものを使いやすいように、向きと線を揃えて並べること

整理するにあたって「何が必要で何が不要か」ということについては、会社によって、仕事によって、違いがあるでしょう。

ただ、それが整頓されているかといえば、どんな会社を訪れても、「きちんとできていない」とダメ出しせざるを得ないところが多いようです。きちんとできているのは、全体の半分といったところでしょうか。

「ちゃんとモノの置き場所は決まっている」と、反論する会社も多いかもしれません。しかし整頓をして使いやすいようにするためには、モノの置き場所が明確に決まっていないといけません。

この〝明確な〟というのがポイントで、多くの会社では「何をどこに置くか」は決まっていますが、いつも「なんとなくこのあたり」というくらいの基準で、実は明確には固定化されていないのです。

『リクナビNEXTジャーナル』2017年11月28日号の記事で、ビジネスパーソンは年間150時間も「探す」という行為に時間を使っている、というデータがありま

私たちの会社では、ヘルメット置き場も1人ずつ場所が決まっています。

した。

記事によると、書類やペンや糊などの文房具、電話をかけるための連絡帳、パソコンの保存ファイルなど、ビジネスパーソンは何かを探すことに年間１５０時間も使っているそうです。１日８時間労働だとして約19日分。年間の勤務日数を２５０日とすると、１日平均36分も探しものに充てている計算になります。

もしもモノの置き場所が明確になっていて、１００人が１００人とも同じように「使う・戻す」をムダなくできるようになれば、それだけで１日約30分仕事に充てられ、効率を上げられることになります。

「どうすればいい整頓ができるか」、組織の中で話し合ってみるといいでしょう。

○まず「線を揃える」ところから始めてみる

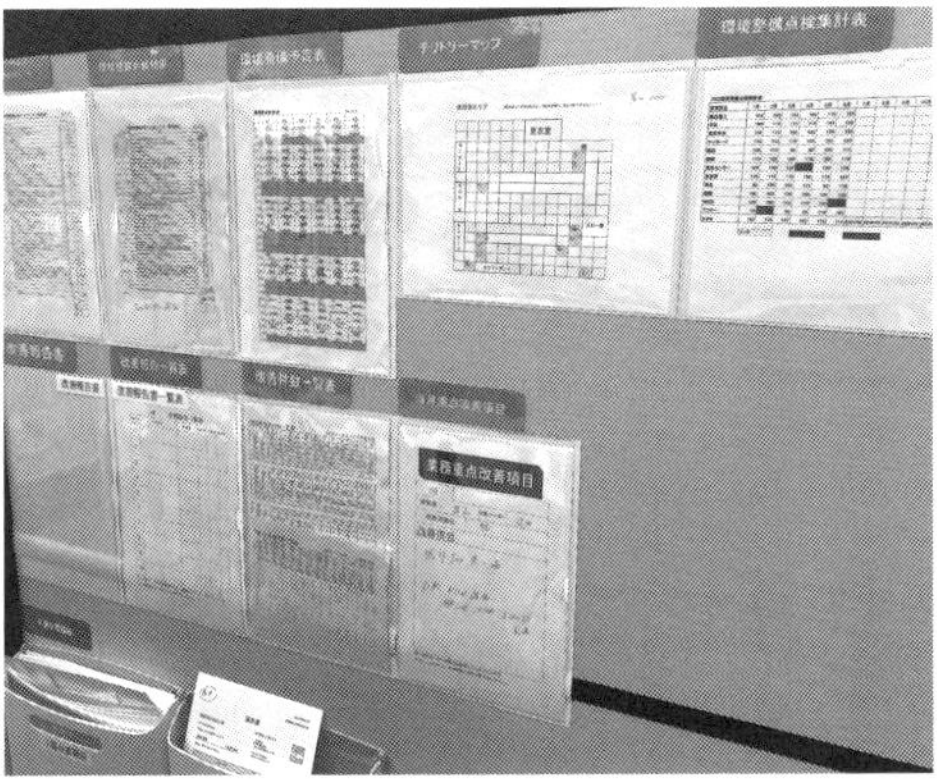

すべての掲示物には必ずタイトルをつけます。

どんなふうに整頓をすればいいのか。社内の掲示物からもう少し具体的に解説していきます。

「向きと線を揃えて並べる」が整頓の基本ですが、まずは「これが何の掲示物か」を示すためのタイトルをつけましょう。その下に掲示物、これが基本的な法則です。

そこで整頓の要素として、「線を揃える」ということ。

タイトルと掲示物は、きちんと横一列に配置します。もちろん壁のスペースの都合もあるので、空い

重要な書類こそ、整頓して保管することが大切。

ているエリアを活用するしかありませんが、雑に処理せず、可能な限り横一線で揃えることが原則です。

行動カレンダーや予定表もきちんと枠線で区切り、その中に納まるサイズで、それぞれの掲示物を整えて貼ります。このように線を揃えて配置することによって、あらゆる掲示物は、「ただ貼ってあるだけのもの」から「意識すべきもの」に変わるのです。

他にも「モノ」の整頓であれば、今すぐにでも始められます。

たとえばエアコンなどのリモコンは、収納ボックスがなかったとしても、位置を決め、裏にマジックテープを貼って固定することで紛失を防げます。剥がして使用した際も、テープが貼ってあれば、誰にでももともとの位置に戻すことができるでしょう。

事務所内にエアコンが複数台ある場合は、どのリモコンがどのエアコンに対応しているか番号を貼っておけば、該当するリモコンを探す時間を省くことができます。

書類ファイルも棚の中に整理されているとは思いますが、何がどこに入っているかがわからず、探すのに時間がかかることもよくあります。契約書類や見積書、営業リストなど、棚そのものにタイトルを貼っておくことで、必要な書類を探す手間を省くことができるでしょう。

◎情報を整頓するときは、「タイトル」が最も重要

整頓すべきものはモノだけではありません。先に述べたように、情報もまた、整頓することが必要です。

この「情報」を整頓する際にポイントになるのが、「タイトル」や「見出し」、あるいは「ヘッダー」と言われる部分。それだけでおおよその内容が相手に伝わるように

しておけば、スムーズに整頓することができます。

ならば、どんなふうにタイトルをつけるか。私の会社で徹底しているのは、次のようなシンプルな形式のタイトルづけです。


「①目的＋②具体的な内容」


たとえば、次のようなタイトルづけです。

「情報共有　クライアントAの担当者変更について」

このタイトルであれば、読み手は「これは情報共有の連絡だ」と一目でわかります。

他に使用しているタイトルは、「社内通達」「方針変更」「支援情報」「お客さまの声」などです。

皆が意識して統一し、バラバラにならないよう管理することが必要でしょう。


私の会社で行っている、情報共有の方法もお伝えしましょう。

使用しているのは、「チャットワーク」というITツールです。前述のとおり、まずタイトルをつけ、そのあとに内容を入れるようにしています。

このように、ITツールを活用するにしても、整頓力は絶対に必要なのです。

現代の仕事に情報の処理は欠かせませんが、正確に伝えなければ情報は活きないし、誰もが正しく扱えるようになっていないと、情報は機能しません。情報の整理・整頓を皆で行うことで、情報を活かせる環境をつくっておきたいものです。

◎的確な「報・連・相」が「丁寧な仕事」を生む

情報を扱うときに、必ず突き当たる「報・連・相」の問題についても、ここで補足しておきましょう。そもそも「報告」「連絡」「相談」の、それぞれの定義をあなたはご存じでしょうか？

・報告……指示されたことに関する結果などについて述べること

・連絡……自分の持っている正確な情報を伝えること
・相談……相手に判断を求めるための問いかけをすること

この定義が明確になっていないと、報・連・相をする側もされる側も「自分が何をすべきか」がハッキリしないし、緊急度もお互いに認識できません。

たとえばそれが連絡であるならば、お互いが共有する情報として受け取っておくだけでいいかもしれません。しかし報告であれば、次の一手を打つため、緊急に会議をしたりする必要もあるかもしれないわけです。

相談はまた重要で、時には緊急で対応しなければならない場面も出てきます。しかし、相手の判断をうながすためには、伝える側が正しい情報を集め、丁寧な相談を心がける必要があります。

たとえば大型の受注案件で、「どれだけお客さまの要望を聞いていいか」とか、「どんなふうに対応していいか」などの相談は、お客さまの詳細な情報がなければ、上司も判断のしようがありません。これは上司・部下にかかわらず、情報をやりとりするお互いが意識しなければならないことです。

正しい「報・連・相」のあり方を社内で明確にしておくことで、情報の行き違いや、二度手間、三度手間のロスを減らすことができます。

これも環境整備として、マネジメントする側が予め周知させておき、皆が効率的に働けるよう配慮しておくべきことでしょう。

◎明確にした仕組みは、マニュアルに落とし込む

整備してきた環境を維持するためには、同じやり方を全員が間違いなく実行するよう、マニュアルをつくっておくことが重要になります。

むろんマニュアル通りの仕事しかできないのでは、丁寧な仕事はできません。

しかし一定の業務レベルを維持するために、仕事をルール化したマニュアルが欠かせないのも事実なのです。ようは「基本的なマニュアルはこうだけど、このようなお客さまの要望に合わせて、こんなふうに対応しよう」と、マニュアル化されたサービ

スをカスタマイズする臨機応変さがあればいいのです。

どうすればマニュアルはできるのか？　それを難しく考える必要はありません。

あなたがリーダーで、チームが担っている1つの仕事に対し「このやり方を守ってほしい」と考えるルールがあるとします。あとは、あなたがそれをマニュアルにすればいいだけ。面倒くさがらずに、何よりも「1行を書いてみる」ところから始めてください。

実はマニュアルがなかなかできない理由は、「つくる時間がない」「やり方がわからない」「何から始めていいかわからない」などと先延ばしにしているだけのことが多いのです。

「リーダーである自分がつくると、反感を買うかもしれない」

「部下たちが自発的につくるのを待っていよう」

そう思っても、目の前の仕事に集中している部下たちは、なかなかマニュアルのことまで頭が回りません。

そのうち「そもそも必要ない（役に立たない）のではないか」などと、業務をマニュアル化することをいつのまにか断念してしまうことも。

マニュアルがなければ、それぞれが独自の方法で進めることになり、結果にも個人差が生じるようになるでしょう。いずれそれはサービスの質の低下につながっていきます。

だからこそマニュアルは、会社を経営する側、組織を率いる側が、「仕事は最低限、このようにやってほしい」と基準を明確にして作成するべきなのです。

「自分は文章を書くのが苦手」という人でも、1行を書き出せば、自然と書くべきことも明らかになります。

たとえば、笑顔で皆が挨拶をすれば、サービスレベルは向上するだろうという狙いから「お客さまには笑顔で挨拶をする」とマニュアルの文章に書いたとします。

けれどもすぐ、これだけでは自分が望むような仕事を、誰もやっていないことに気づくのです。

なぜなら「どこまで笑えば笑顔なのか」は人それぞれの判断ですし、「挨拶」だって、その方法は人それぞれです。それこそ丁寧に頭を下げるのも「挨拶」ならば、「やぁ」と無表情に手をあげるのも、当人にとっては「挨拶」なのです。

つまりマニュアルは、誰にでも再現可能な、明確な「行動ベース」の文章になっていないといけません。

「笑顔」とは一体どういうものか。口角を上げる、相手の目を見る……など。挨拶はどのようにするのか？　お辞儀はするのか？　その角度は？　何という言葉でお客さまに声をかけるのか？……など。

100人の人間がいたら100人が同じことができないと、それは「再現可能な文章」とはいえません。だから書いた上で検討し、あるいは実際の反応を見ながら、マニュアルはカスタマイズしていけばいいのです。最初から完璧なマニュアルを目指す必要はありません。

あとで説明しますが、お客さまが求めていることを反映させた上でマニュアルをつくったほうが、より顧客満足度の高いサービスができます。だから加筆前提で、楽な気持ちで1行をまず書いてみましょう。

◎これからの時代のマニュアルは動画で

マニュアルが完成したら、ぜひおすすめしたいのは、それを動画にして全社で共有することです。

今の時代、動画が簡単に撮れるのはご存じのとおりと思います。スマートフォン1つあれば、誰だって簡単に撮影できます。

そんな素人のスマートフォン動画で構いませんから、何か1つマニュアルに示された行動を、誰か1人に忠実に実行してもらって録画すればいいのです。撮影は必ず、「1つの行動につき1つ」でファイル化するようにしてください。

たとえば「お客さまへの挨拶」であれば、完璧にできる社員にやってもらい、それを撮影すればいいだけです。

営業訪問であれば、自社を相手先と想定して「営業社員が会社へ入るところから、内線電話で相手を呼び出し、電話を切るところまで」を撮影する。

撮影した動画はおそらく1分くらいの短いものになると思いますが、そのほうが手軽に視聴でき、保存や管理もしやすいでしょう。


撮影した動画は、動画サイトにアップロードしておくといいでしょう。現在であればYouTubeが最も汎用性が高く使いやすいと思います。自社のチャンネルをYouTube内につくり、「限定公開」でアップロードしてください。

動画のアップロードが終わったら、限定公開のURLを全社で共有します。共有元は、チャットワークなどの社内連絡ツール上に、タイトルをつけてアップロードするだけ。「【動画マニュアル】お客さまへの挨拶の仕方」などのタイトルを、URLの下に貼りつけておきます。

これでスマートフォンやタブレットがあれば、社員はいつでもリンクをクリックするだけで再生できます。

紙のマニュアルであれば持ち運びが面倒な上に、つい忘れてしまうこともある。その点、YouTubeならば忘れることもないわけです。この方法でマニュアル化すると、より社員たちにとって、身近なものになります。

私の会社では、各種動画を撮影し、YouTube内に「丁寧大学（丁寧シリーズ）」としてアップロードしています。また専用のソフトをつくり、タブレットなどでより情報の共有が図れるようにしました。

そこにピアノやコピー機の運び方（トラックへの積み下ろしや、お客さま宅への搬入・搬出）、養生の仕方、布団のたたみ方（角をきっちり揃える）、挨拶の仕方（お客さま宅を訪問した想定）など、必要と思われるさまざまなマニュアルをアップしているのです。

一部、一般公開されているものもあるので二次元コードからご覧ください。

これらの動画は、社員へ向けてのマニュアルであると同時に、社の広報活動にもつながっています。面倒くさがらずに、「まずはやってみる」というところから始めてみてください。

◎「お客さまからほめられる仕組み」をつくろう

自社の現場の社員たちに、「仕事をしていて何が一番嬉しいか？」と質問すると、8割以上の確率で「お客さまに喜んでいただき、感謝され、ほめられること」という答えが返ってきます。とくに勤続20年以上のベテラン社員から、そういった声を多く聞くことがあります。

「やることがないからこの仕事をやっているつもりでしたが、入社して20年経ったころに、この仕事が好きなのだと気づきました。お客さまに『ありがとう』と言われるのが最高に嬉しいです」

そう語るのは我が社に30年以上勤め、部長職に就く者です。

彼がこの境地に辿り着くまでには当然、紆余曲折ありました。その昔、私に対して「会社を辞めていいですか？」と打ち明けたこともあります。しかし、そこから随分、人間としても仕事人としても成長したように思います。

前章で「3人の石工」のお話をしましたが、「自分たちはお客さまの問題や課題を解決し、世の中の役に立っているのだ」という意識は、丁寧な仕事をするに当たっての「基本マインド」となるものです。だから私たちの会社では、スキルアップ以上にこれを重視して社員に教えるようにしています。

この基本マインドが高く、使命感を持って仕事をしている人間ほど、「お客さまに喜んでいただき、感謝され、ほめられること」がやりがいにつながっているようです。その結果、モチベーションだけでなく、仕事のクオリティも上がっていきます。

だとしたら、「お客さまからほめられる仕組み」を社内につくっておくことは、最高の環境整備になると思いませんか？

「お客さまからのほめ言葉をダイレクトに得られる仕組み」として、どんなことが考えられるでしょう。

「お客さまアンケート」というのが、私の答えです。

アンケートと聞けば、「えらくシンプルな方法だな」と思う方もいるでしょう。

そのとおり、かなりシンプルな方法なのですが、社員のモチベーション・アップに活用できるだけでなく、自社の商品・サービスの強みが見えたり、強化すべきポイントや改善すべきポイントまで見えてきたりします。

お客さまの声をヒアリングし、マーケット・イン思想でお客さまのニーズをくみ取って、相手を思いやるサービスを生み出していく方法こそ「お客さまアンケート」に他ならないのです。

アンケートの効果は、私のみでなく、多くの成功した経営者も述べていることです。それなのになぜ、「お客さまアンケート」を取り入れる会社が、あまり多くないのでしょう。

その理由の1つは、「クレームが増える」と思っている人が多いことです。

確かに、その気持ちもわかります。お客さまの声を聞けば、いいことだけでなく、悪いことも言われるでしょう。とくに、日本人はなかなかほめることをしない傾向があるので、ほめ言葉よりも批判が多くなりそうな気がすることも、想像に難くありません。

もちろんクレームは業務改善の材料になりますが、社員のモチベーションを上げるのには、逆効果になってしまうでしょう。

ただ、やり方をうまくすれば、アンケートにクレームを書く人を極端に減らすことができます。

これは「クレームを無視する」という意味ではありません。「お客さまからほめられる環境を整えるためのアンケート」には、ちょっとしたテクニックがあるのです。

◎「お客さまから感謝されるアンケート」のつくり方

では、実際にどんな「お客さまアンケート」をつくればいいのか？

シンプルで応用しやすい、ということで、私の会社でつくっているものを、これから紹介しましょう。ぜひ参考にしてみてください。

①アンケートは「面倒くさい」くらいでちょうどいい

私の会社には2種類のアンケートがあり、1つは品質チェックのためのもので、もう1つはまさに「お客さまの声を聞く」ためのもの。後者はかなり〝面倒くさい〟仕様にしています。

というのも、基本的に白紙がベース。最初に運送スタッフの顔写真と簡単な挨拶文があり、その後に質問が1つあるだけです。

「池田ピアノ運送に依頼していいことありましたか？　それとも嫌なこと？　是非、教えてください！」

答えは白紙のスペースに自由に書いてもらう形式です。

そしてピアノの搬入作業が終わった最後のタイミングで、このアンケートをお客さまにお渡しします。返送は、「よろしければお送りください」という形で、FAXにてお返しいただいています。

アンケートといえば、多くは五段階評価などの選択式のもので、記述スペースがあ

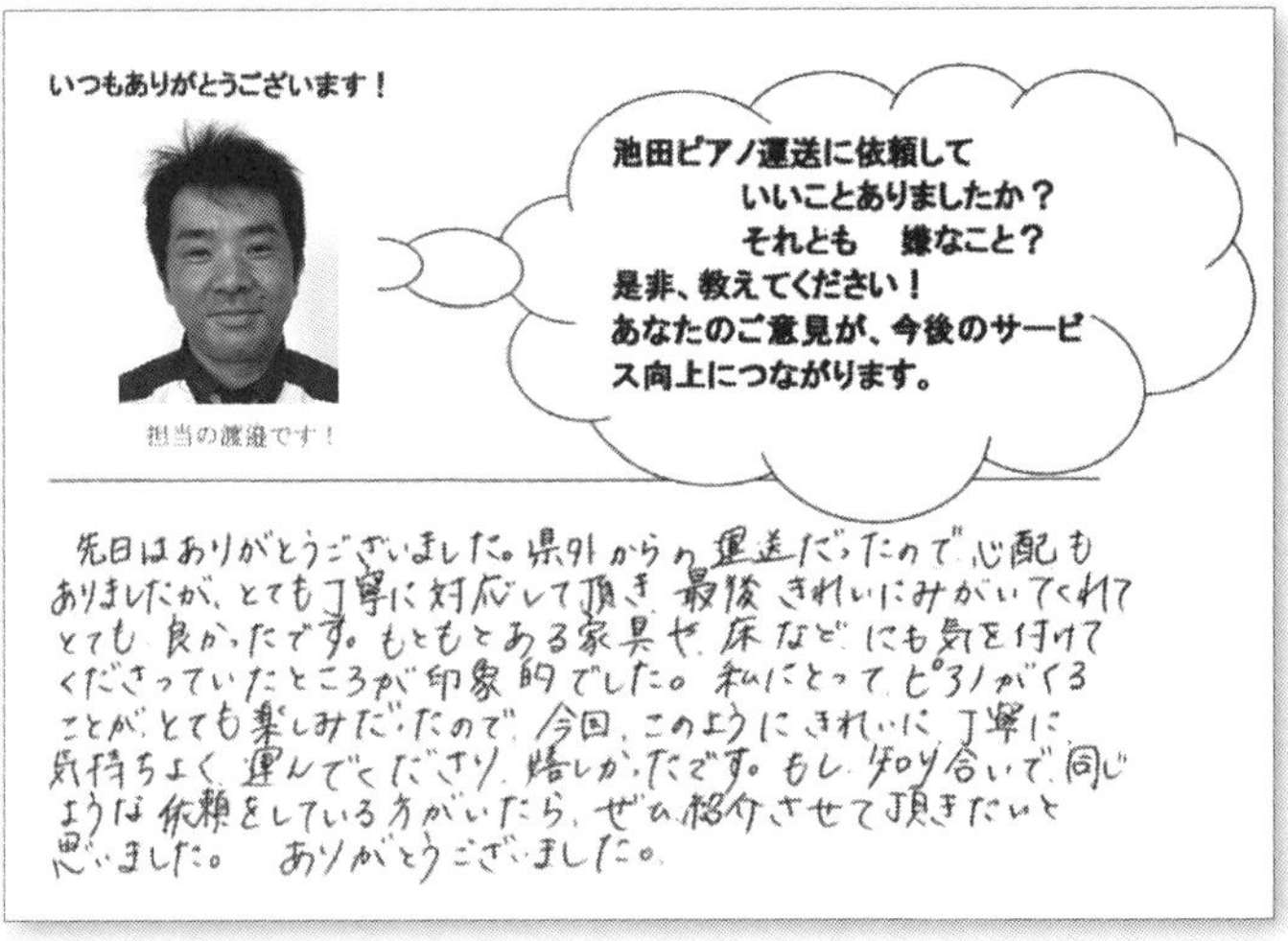

お客さまからいただいたアンケート

ったとしても最後に1、2行だけのことがほとんどでしょう。

しかし私の会社では選択式を取り払って、完全記述式にしました。しかもメールフォームがあって、パソコンやスマートフォンで気軽に打ち込めるものではありません。手で書いて今どきFAXですから、家にない方はコンビニに行かなければなりません。

お客さまにとっては大変面倒なことであり、放置されても仕方のないことだと思います。

ところが、それでもちゃんとアンケートを返してくださるお客さまはいらっしゃるのです。

正直、私も始めたときは送ってくださる方

が1人もいなかったらどうしようかと考えていたくらいです。ところが意外にも多くの方がアンケートを返してくださるし、FAXがないからとわざわざ郵送してくださったり、スタッフが帰る前にその場で書いてくださる方もいらっしゃいます。

そこまでして返送いただくアンケートには、「ありがとうございました」という感謝の言葉がほとんどです。

嬉しいことに、返送の手間など関係なしに、感謝の言葉を相手に伝えたいと思ってくださるお客さまが多いのです。おかげさまでこうした多くの喜びの声が、スタッフのモチベーション・アップにつながっています。

②アンケートは「生の声」でないと意味がない

もちろん、アンケートをとれば、不満の声や、気になった点を指摘されるケースも出てきます。

FAX回答のアンケートで、返信率は数十件に1枚のペース。私たちの仕事は多いときに1日に約8か所を回りますが、すると1週間で回答は1枚くらい。

月に換算すれば、だいたい3~5枚くらいの返信と考えればいいでしょう。

おそらくアンケートを品質改善の手段と考えれば、それでは少なすぎるという人が大半だと思います。メールフォームの選択式にしたりして、もっと広く数を集める必要があるのではないか……。

でも正直な話、本当に不満に感じたことがあれば、お客さまはすぐ電話などで具体的なご意見をくださいます。選択式は確かに気軽に回答できるというメリットがありますが、「不満」にチェックを入れてあるだけで具体的な理由をいただけなかった場合、果たしてそれが真の業務改善に使えるのでしょうか？

一方で白紙のアンケート用紙に手間をかけてまで書いた不満な点は、お客さまも真摯に我が社のことを考えてくださり、「善意からあえて指摘する一言」である可能性も高いのです。だから私たちも誠意をもってその言葉を聞き、真のサービス改善に結びつけることができます。

むろん、こうしたアンケートを定着させるには、時間もかかります。実際に私の会社でも各事業所で「クレームがたくさんくるのではないか」という思い込みがあり、定着するまで5年くらいの歳月がかかりました。

しかし現在では全社員が、この仕組みに賛成してくれています。お客さまから生のほめ言葉をいただけると、なにより嬉しいからです。とくにドライバーは、そのお客さまがいつ搬入したどのお客さまかをちゃんと覚えていますから、より実感を持って喜べるようです。

定着には時間がかかるかもしれませんが、社員のモチベーション・アップにとても効果的なので、ぜひ考えてみてください。

◎「3人のお客さまから言われたこと」は必ずサービスに落とし込む

お客さまの声は、社員のモチベーション・アップや、サービスの質の向上につながるだけでなく、新しいサービスをつくるヒントにもなってきます。

その際に重要なことは、「3人のお客さまから同じことを言われたら、そのことについて真面目に考えなさい」というものです。

実際、現場で何かの仕事や作業をしていて、「こういうことはできませんか？」とか、「これがあると、もっといいと思います」といったことを、ときおりお客さまから言われることがあります。

現場の社員たちはそれらを聞き逃さずにメモして、会社に持ち帰ります。そのメモは皆で共有しているのですが、3人のお客さまから同じことを言われていたら、同じ要望がもっと多くあると考えていいと思っています。つまりそれはニーズが高いという場合や、あるいは多くのお客さまが不満を持っているという場合があります。

たとえば最近ではフィットネス器具の運搬も行っているのですが、これはお客さまの要望に応えた結果、始めたサービスでした。

ほかにも、お客さまから特別に喜ばれたことがあればその情報を共有し、他の社員もどんどん真似するようにうながしています。

すでに述べたことでいえば、「お客さま宅で靴を揃える（その際にお客さまの靴も揃える）」とか、「ピアノをどけた際に置いてあった場所の汚れを掃除する」といったサービスは、1人の社員が実行したとき、「こんなことまでしてくれて驚いた（ありがたかった）」「ささやかな気づかいに丁寧さを感じた」という声をいただけたから、すべての社員が実行するようマニュアル化していったことです。

だからお客さまの声はとことん聞いたほうがいい、ということになるのですが、問題はお客さまも必ず思ったことを伝えてくれるわけではないということです。訪ねたスタッフとの間に何度かのやりとりがあり、ある程度の「会話」ができていないと、お客さまから言葉をいただくのは難しいのです。

そのために、お客さまとのやりとりの中で、「ちょっとしたことをほめていく」ということが重要です。

もちろん、白々しいほめ方は逆効果ですし、嘘をついてもすぐにバレます。私たちの仕事であれば、よく発せられるのは次のような言葉です。

・「ピアノを大切にされているのですね」

・「とても状態のいいピアノですね」
・「セキュリティがしっかりしていて安心なマンションですね」

お客さまが企業であれば、「明るいオフィスですね」とか、「受付の方の対応がとても素晴らしいですね」などという言葉に置き換えられるでしょう。

このようにお客さまを少しほめることで、関係性は深くなり、お客さまはこちらに何かを頼みやすくなるのです。ぜひ、お客さまとの対話に取り入れてください。

◎「お客さまがしてもらって嬉しいこと」をルーティン化する

私の会社の例ではありませんが、お客さまの声を聞くことで、日本中の人気商品をつくり出した例を紹介しましょう。

それは、大阪・難波《なんば》千日前《せんにちまえ》にあるうどん屋「千とせ」の「肉吸い」です。

この商品は最初、普通の肉うどんでした。ところがあるとき、吉本新喜劇の俳優だった故・花紀京《はなききよう》さんが二日酔いでお店を訪れ、軽く食事をしたかったので「肉うどん、うどん抜きで」と注文したのです。

うどん屋さんに来て、うどん抜きで注文するという、なんとも大阪の芸人さんらしいおもしろいエピソードですが、この何気ない一言がきっかけで「肉吸い」というメニューが誕生し、口コミで全国的に知られるようになりました。

今では店一番の人気メニューとなり、千とせは行列のできる店になっているのです。

他にも商品開発をするに当たって、アンケートやお客さまとのコミュニケーションを活用している企業はたくさんあります。

たとえば無印良品は、「IDEA PARK」というコミュニティサイトを活用し、広くお客さまの意見を集めています。それらの意見を活用して、アパレル商品やインテリア商品などを改良し、あるいはレトルト食品などのさまざまな新商品も開発してきたそうです。

「千とせ」の肉吸いの例でとくに注目したいのは、お客さまの何気ない一言にその場で反応し、結果としてそれが人気商品に結びついているということです。この臨機応変さは、お客さまに対して丁寧な仕事をする際の原則だと思います。

何度も言うように、私たちの仕事は「お客さまの問題・課題を解決すること」なのです。1人のお客さまの要望に応えるのがサービスの基本であり、その延長線上に、商品のヒットや口コミなどによるブレイクもあります。

だから大切なのは、お困り事を抱えている1人のお客さまに対して、真摯に向き合うことなのです。お客さまとの縁を大切にして、今この瞬間はお役に立てなくても、いつかお役に立てるときが来ると考える。

何か問題を抱えるお客さまに遭遇したら、そのときこそ会社としては、千載一遇のチャンスなのです。そんなチャンスを逃さないためにも、お客さまの声を拾い上げる仕組みを構築してもらいたいと思います。

◎社内に感謝の文化を生む仕組み「サンクスカード」

アンケートのやり方は説明しましたが、回答してくださったお客さまに、何か感謝の気持ちを伝えなくてもいいのか？

もちろん、絶対にそれはするべきです。感謝は訓練をしないと、人間の意識に上がってきません。「してもらって当たり前」という「慣れ」に変わってしまいます。だからお客さまに対する感謝を形にして表すことを、社内の仕組みとして取り入れてください。

その方法としておすすめなのは、「サンクスカード」です。

サンクスカードとは要するに「感謝のハガキ＝お礼状」ですが、私たちの会社では手書きでしたため、お客さまにお送りしています。サンクスカードの作成を毎月のノルマとして設定し、一般職は月に5枚、管理職は月に10枚を書くように決めています。該当するお客さまがいないときは、上司、同僚、部下といった、社内の人間でもよいことにしています。

社員へ送る場合のサンクスカードは、名刺程度の大きさです。そこに感謝の気持ちを3～4行にまとめ、専用のＢＯＸに入れておきます。

私自身も、このサンクスカードを、社員の誕生日や結婚記念日に必ず送るようにしています。「お客さまを大切にしよう」「お客さまに感謝しよう」と言いながら、上司や部下、アルバイトや、業者さんたちへの感謝を怠っている会社は多くあるでしょう。でも、普段顔を合わせている人間に感謝できない人が、果たして一期一会でお会いしたお客さまに、きちんとした感謝ができるのでしょうか？

「感謝の気持ちで人に接する」というのは、「仕事だから」ではなく、心の習慣なのです。感謝の気持ちを表現することが習慣として根づいていなければ、お客さまに対して感謝の気持ちを持ちながら、丁寧なパフォーマン

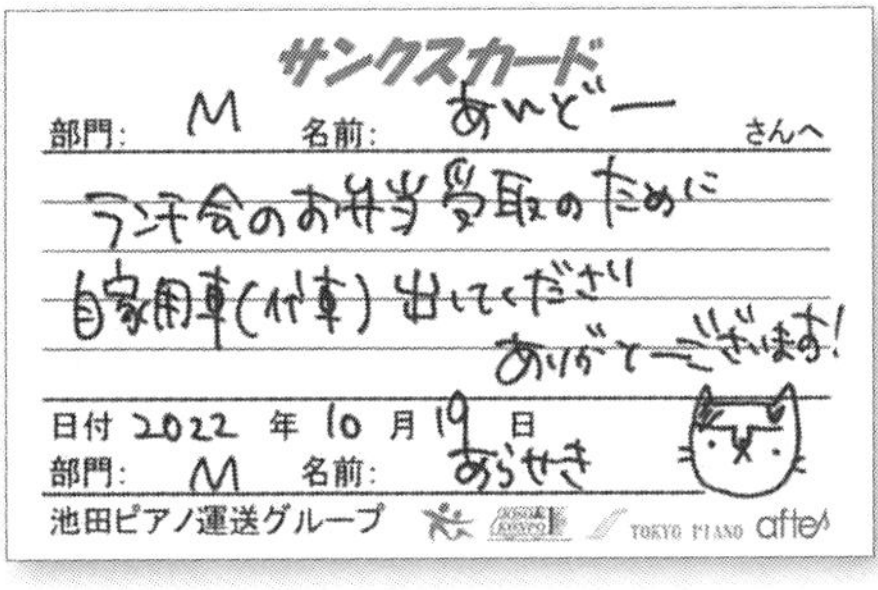

サンクスカードの例

スをすることなどできないと思います。

もちろん、「普段顔を合わせている人に感謝する」という点では、会社で関わる社員よりも、もっと身近である家族に対しても感謝ができなければいけません。

そこで我が社の新入社員の入社式では、ご両親からの手紙をサプライズで用意し（読み上げられた新入社員たちは、驚き、そして号泣します）、初任給が出たら両親に「食事をご馳走する」「感謝の手紙（生んでくれて、育ててくれてありがとう）を書く」「プレゼントを買う」という3点を義務にしています。

地方の出身であれば、初任給が出たあとで、実家に帰るための交通費も会社が負担します。そんなことまで考える会社はなかなかないと思いますが、これも環境整備の一環であり、感謝の訓練と考えているのです。

◎クレームは宝。会社を伸ばす財産になる

お客さまの声として、ほめ言葉と対極をなすのが「クレーム」です。

ビジネスをしていれば、クレームには誰しもが遭遇するでしょう。クレームを受けたことのない企業など、世の中に存在しないと思います。とはいえ、誰しもがクレームなど聞きたくないし、現実にそれで心を病んでしまう人もいます。

ただ、クレームにも2種類あるのです。それは「単なる苦情」と、「期待に応えてもらえなかったことによる失望」です。

前者の場合は、プロ意識を持たず手抜き仕事をしたことによって生ずるもので、サービス提供側が改善していかなければいけません。

あるいは繊細なお客さまからの〝過剰な要望〟ということもあります（クレーマーとまでは言いませんが、思い込みで話を進めるお客さまもなかにはいらっしゃいます。その場合は、「どこまでお客さまとして、お相手するか」の線引きが必要です）。

一方で「期待に応えてもらえなかったことによる失望」は、仕組みを構築し直すことで、クレームの内容を「会社を伸ばすための財産」にすることができます。

具体的に何をすればいいかといえば、次の2点をまず考えてください。

①スピード対応を心がける

クレームを会社の財産に変える仕組み、その1つのカギは「スピード」です。

まずはクレームがあったことを上司にすみやかに報告し、共有する。そして、事の重大さによっては電話で終わらせることなく、お客さまのところに直接伺う。これもスピード重視です。

また、その場合、誰が出向くのかということも大切なポイントです。当該部署の責任者なのか、その上の管理職クラスなのか、社長なのか。会社の規模や、そこに所属する人間の責任の割合の大きさ、事の重大さによって誰が出向くのかを最速で決めます。

クレーム対応が早ければ早いほど、お客さまの印象は変わります。迅速に対応したことで、「きちんと自分のことを考えてくれている」と受け取ってもらえ、場合によっては別の案件の受注につながったり、他のお客さまの紹介につながったりすることもあります。

もちろん、同じ轍《てつ》を踏まないようにマニュアル化したり、新しいサービスにつなげたりすることも、早く対応すればするほどしやすくなるでしょう。

このように、クレームはスピード対応で会社の財産になるのです。

②「全体対応」を心がける

クレームには1人で対処せず、組織で情報を共有し、全体で対処できる仕組みをつくっておくのも重要なことです。

私の会社では、これを2段階で設定しています。その1つが、共有グループです。チャットワークにクレーム報告用のグループをつくり、社長から一般社員まで全体で共有できる場を設けています。お客さまからクレームがあれば、すぐにここに内容を書き込み、担当すべき人がすぐさま対応できるようにしているのです。

もちろん、文字だけでは重要性をきちんと伝えられない場合もあるので、メッセージ上だけで終わらせることなく、詳細を電話で確認するなどの対応も併用しています。

仕組みのもう1つは、「ボイスメール」です。

これは幹部以上の社員に呼び出しコールで即内容を知らせてくれるものです。それによって、ある一定以上のロイヤルカスタマーからのクレームがあれば、口頭でその内容が社長から幹部にまで一斉に通知されるわけです。クレーム版のホットラインのようなものと考えてもらえばいいでしょう。

これらの仕組みを設け、今のところ、私が顔を出すようなクレームには至っていません。それでも普段お付き合いのある法人のお客さままでですと、私が電話をかけた際に、「えっ？　もう社長の耳にまで入っているの？」と驚かれたことはありました。「悪いことの社内報告」を円滑にしておくことで、お客さまには安心してもらえますし、会社への信頼度も上がるのです。

◎当たり前のことを毎日コツコツ続けられるか？

ここまでお伝えしてきた環境整備の仕組みについて、最後にお伝えしたいのは「毎日コツコツ続けていく」ということです。

マニュアルを設定しても、お客さまアンケートを実施しても、感謝の文化をつくっても、仕組み化したことや得られたことが、継続されなければ意味がありません。一過性のものではなく、環境整備は「整備された状態」が、「環境」といえるくらい当然のものになっていないと、それを行ったとはいえないのです。

「仏つくって魂入れず」という言葉がありますが、本当に人間の中に何かが定着するためには、魂が入るまで繰り返し伝えていく必要があります。ベテランも新人も関係ありません。

私の会社には経営計画書があり、コツコツやるべき大切なことが書かれています。年間、月間、毎日のやることが全部決まっています。

そして、その決まったことを月2回の早朝勉強会で私から社員に伝えています。この日は朝7時半からの始業とし、30分間、経営計画書の中から何か1つテーマをピックアップして、「どうしてそれが大事なのか」ということを、質疑応答を交えて伝えています。そして最後に全員に行動目標を宣言してもらいます。

数回に分けて220人の全社員に実施しているので、1つのことを伝えるのに約2ヶ月かかります。しかし、このように決められたことを少しずつ繰り返してやり続けていくことが、社内の文化になっていくのです。

せっかく構築した仕組みをムダにしないためにも、「継続する仕組み」もまた、築き上げていきましょう。

第5章

仕事が丁寧になると、人生は豊かになる

◎ピアノ運送業界も20年で大きく変わった

　私がこの業界に入って、すでに20年以上が経っています。その中でなんとか、我が社は今、ピアノ運送の業界で売上トップクラスをキープしています。

　最初にお伝えしたとおり、私が新人としてこの業界に足を踏み入れたとき、ピアノ運送という業界は専門性が高いぶん、サービス面ではまだ未成熟な業界でした。挨拶がちゃんとなっていない、制服がバラバラ、運び方が丁寧ではない……。

　通常、お客さまが引っ越しを考えるときは、引っ越し業者に依頼をします。しかしピアノのような運びにくい精密楽器がある場合、引っ越し業者とは別に、専門のピアノ運送業者へも依頼をします。

　同じ運送業であるにもかかわらず、引っ越し業者と比べるとピアノを運ぶ業者は、まったく挨拶や身だしなみが整っていなかったのです。「これは、おかしいんじゃないか」と、私は思いました。

　だから我が社を「丁寧な仕事のできるピアノ運送会社」に育てれば、十分に競争優位に立てる。その予測は見事に的中したわけです。

それにしても、なぜピアノ運送業界はそんなに、サービスの感覚にうとかったのでしょう——。

あとになってわかったことですが、ピアノ運送業界がそのような状況になっていたのは、彼らが狭い世界に閉じこもる環境でずっと過ごしていたからです。

そのころのピアノ運送業者は、同業者だけでほとんど固まっていたのです。仕事だけでなく、遊びに行ったり、旅行に行ったりするのも同業者同士。たとえ転職をすることになっても、ほとんど水平移動で、別のピアノ運送会社に移っていきます。

そんな狭い世界ですから、いつのまにかでき上がっていた〝自分たちだけのルール〟が常態化し、「そういうものだから」という考え方になっていたのです。ピアノ運送ばかりをして、他業界を知ることもありませんでした。

一方で運送業全般を見れば、私が尊敬する経営者で、ヤマト運輸の2代目、故・小倉昌男さんの登場で、業界はまさしく大きな変革期を迎えていました。ヤマト運輸のような会社に憧れる私にとって、ピアノ運送業界が古い体質を抱えていたことは、逆に大きなチャンスになったのです。

◎当たり前のことを当たり前にやる大切さ

私が入社した池田ピアノ運送は、幸いなことに「ピアノ運送業界の一般基準」よりは、ずっと上をいっていました。制服はちゃんと揃っていましたし、社員のマナーもある程度の水準ではできていました。それはピアノ運送の仕事だけでなく、業界の垣根を越えた仕事も引き受けていたからでしょう。

それは我が社の創業者、池田泰の「格好よく仕事をしたい」という考えに基づいてのことでした。

池田ピアノ運送は、最初は河合楽器の納品業者として、新品のピアノを搬入する業務をやっていたのです。１９７０年代の高度経済成長時代には、ピアノの新品購入が多く、必然的に納品業者の仕事も回っていました。

ところが時代が進み、新品購入の波が収まると、次第に納品の仕事は減っていきます。業界は価格競争に巻き込まれ、業者同士のダンピング合戦が始まりました。するとピアノの運送は月末ばかりに注文が集中する傾向もあり、商売としてそれ一本ではやっていくのが難しくなったのです。

そこで価格競争を嫌った会社は、納品業務から移動業務へとフィールドを移します。このときからピアノ運送会社は引っ越しの際に呼ばれるようになったのですが、長距離の運送も多くなります。これを受けて全国的なネットワークが必要になったと判断した創業者・池田泰は、北海道から沖縄まで、全日本ピアノ運送連合協同組合（現ジャパントランスネット協同組合）をつくります。

ところが、このフィールドもやがて業者が増え、仕事の取り合いになったのです。そこで池田泰は、戦いの場を別のフィールドへ移そうと、オフィス機器（コピー機）の搬入業を始めたのです。

当時のコピー機搬入の技術はさほど高いレベルのものではなかったため、ピアノを運ぶ丁寧な技術は、すぐにメーカーからもお客さまからも重宝されるようになりました。「コピー機はピアノ運送業者が運ぶ」という慣例は、このころから始まったのです。

そのパイオニアが池田ピアノ運送で、約30年前のことと聞いています。

このように池田ピアノ運送は、業界のならわしに凝り固まることなく、シチュエーションごとに変化・対応を繰り返してきたために、業界で生き残ることができたのです。

そんな企業風土があったからこそ、私が入社して社内改革をしようと考えたときにも途中で少しの挫折はありましたが、当社は変化に柔軟に対応することができました。とはいえ、決して私たちは特別なことをやってきたのではありません。挨拶をきちんとする、制服をおシャレにデザインする、納品レベルの仕事を移動業務で行う……と、むしろ「当たり前のこと」を徹底したのだと思います。

その当たり前を徹底して愚直に繰り返すことができたから、おかげさまで業界売上トップクラスになれたのです。

特別なサービスや独自の商品を開発するのには、時間もお金も相当なコストがかかるでしょう。それだけ投資しても、絶対にヒットする保証はありません。

しかし、「当たり前のこと」であれば誰にだってでき、〝当たり前〟なくらいですから、世の中にもきちんと受け入れられるのです。むしろ多くの会社は、「丁寧に仕事をする」という当たり前のことに目を向けるべきではないでしょうか。

◎なぜ、河合楽器の関東の幹事会社になれたのか?

現在の池田ピアノ運送は、ピアノ以外にもコピー機、金庫、家電、サイネージ用のモニター、フィットネス器具など、さまざまな商品を扱うようになりました。それらのサービスで培ったことをピアノの運送へもフィードバックし、さらに小回りの利く運送業者として、他社と大きな差別化ができるようになっています。

早い段階から全国ネットワークを構築し、ある程度の規模をつくれたことでシェアも大きくなり、競争(価格競争)しない仕組みを構築できました。

そのおかげもあって、業界では〝目立つ存在〟として認知され、一度離れた河合楽器さんと、もう一度仕事をご一緒にさせていただくことができるようになりました。

河合楽器さんも時代に合わせ、物流革命を行い、自社の物流サービスのレベルをグンとアップさせようとしたことがあります。その際、関西の若手運送業者を中心とする全国ネットワークへ依頼をしました。当初、そのグループに、当社は入っていなかったのです。

しかし、そのグループの当時のトップであるT運送の社長が、関東圏の物流組織をつくるときに「池田ピアノなしには河合楽器さんの希望は叶えられません」と言ってくださり、私たちを巻き込んでくれました。

その後、私とその社長とで話をし、全国各地の幹事会社を決め、運送料金も決めて、組織を組み立てました。おかげさまで、池田ピアノ運送は、河合楽器さんと提携する運送業者の中で、関東エリアの幹事会社になれたのです。

業界で目立つ存在になるためには、何事にも「チャレンジする会社」であるべきだと私は思います。

それは、すべてオリジナルである必要はありません。より厳しい、基準の高いところから情報を得る習慣をつければ、その中からヒントは見つけられます。

私たちのようにサービス業的感覚を持った運送業でいえば、トップはやはりヤマト運輸です。やることが早く、お客さまのことを考えた丁寧な仕事をされている会社。挨拶や身だしなみ、車内の禁煙化など、私も多くのアイデアを真似させていただきました。

その結果として、現在の池田ピアノ運送があるのです。

◎「丁寧な仕事」はAIに乗っ取られることがない

かつてピアノ運送業者は、全国に100社以上ありました。現在は、数もかなり減って50社あるかないか、というところだと思います。つまり、半分の50社は淘汰されてしまったのです。いまだにピアノだけにこだわっている会社もありますが、今後生き残っていくのはますます難しくなっていくでしょう。

時代は常に変化しています。どんどん新しいものや考え方が生まれ、社会の仕組みが変化していきます。

これからは第四次産業革命の時代に入り、ＡＩによって人の仕事が失われる、とよく言われます。仕事の種類によっては、ＡＩが代行することになり、人間の仕事は乗っ取られる。そう、私たち配送・運送業界の仕事も、まさにその瀬戸際。

堀江貴文氏と落合陽一氏の共著『10年後の仕事図鑑』（ＳＢクリエイティブ）には、こうあります。

「自動運転が代替するサービスは、タクシーなどの移動手段だけではない。今度は運送業も自動化されるだろう。（中略）ただ、重い荷物や大きい荷物の運び込みなどは、当面は人間の作業になる。運送手段が機械に変わっても、すぐに『宅配』の仕事がなくなるということではない」

ということは幸い、ピアノを運ぶような「重い荷物や大きい荷物の運び込み」の仕事はしばらく大丈夫なようです。ただ小包などの配送業務は、いずれは自動化されて人の仕事ではなくなってしまうかもしれません。

しかしＡＩが仕事を代替していく時代になっても、失われない仕事はあります。

それはまさに「丁寧な仕事」でしょう。

言い換えるなら、「人間にしかできない仕事」ということです。

たとえばピアノ搬入であれば、設計図上ではきちんと尺が足りており、搬入できる場所であっても、現実には家やドアが経年劣化で少しゆがんでいて、搬入できないことがあります。この判断はＡＩにはできません。

仮に判断できたとしても、臨機応変に対応して搬入することはできるでしょうか？お客さまには、繊細な方もいらっしゃって、その場合は、プラスアルファの配慮が必要になることもあります。

こういった〝相手に合わせる柔軟性〟は丁寧な仕事の1つですが、現状、ＡＩには複雑すぎて、対応できないことなのです。

相手に合わせる柔軟性を持つためには、相手の心を見ることが必要です。その人が神経質なタイプなのか、数字でロジカルに語ってほしいタイプなのか、それよりもベネフィットを求めるタイプなのか……100人いれば100通りの「心」があります。

それを見通し、それぞれに合わせた丁寧な仕事をすることは、やはり同じ人間同士だからできるのです。AIは教えられたことはできても、教えられた以上のことをして、さらにお客さまの期待を上回るサービスを提供できたりはしないのです。

AIがより高度に私たちの仕事を代替するようになっても、私たち人間は、私たちにしかできない仕事をする能力を身につけることで、社会を生きていくことができます。その高度な仕事こそが、本書で述べてきた仕事の仕方に他なりません。

◎「丁寧な仕事」は「丁寧な人生」につながっている

本書ではずっと、我が社が実現している「お客さまを感動させる丁寧な仕事」について、さまざまな角度から述べてきました。

その業務のあり方、人材育成、仕組み化や効率化など、やるべきことはたくさんありますが、それを実践することで、それぞれの社員はどんなメリットを得られるでしょうか？

それは「豊かな人生」を手に入れられることだと思うのです。

私たち日本人のほとんどは、学校を出て社会に出ると、会社に入って仕事をします。中には起業して経営者になる人もいますが、どちらにしても仕事をして生きていくでしょう。

1日8時間、仕事をするとして、結局その時間は、睡眠時間を差し引けば、1日の半分近くになります。その多くの時間を雑に過ごすのでは、人生そのものが雑になってしまうのではないでしょうか。

「そこまで大げさな話なのか？」

あなたは、そんなふうに思うかもしれません。

でも、単純に考えてみてください。あなたが経営者や上司だとして、雑な仕事をする人と丁寧な仕事をする人であれば、どちらを評価するでしょう。

答えは考えるまでもなく、「丁寧な仕事をする人」です。

雑な仕事をしていると、お客さまからはほめられません。というか、怒られます。

当然、会社はそんな人を評価しませんし、昇給も昇進もさせないでしょう。

雑な仕事をするのは、本人にとって何もいいことがないのです。次第に仕事への（会社への）愚痴も多くなり、自分が吐くマイナスな言葉に思考を乗っ取られて、人生そのものがマイナスになっていきます。そんな人に近づきたい人はいませんから、周囲からは人がどんどん離れていきます。もしくは、本人が負のオーラをまき散らして、会社にとって悪影響を及ぼす人物になるかもしれません。

そんなふうに、雑な仕事をする人は、不幸を描く天才になってしまう可能性もあるのです。


しかし、丁寧な仕事をする人であれば、どうなるでしょう。

これは雑な人と、まったく逆の現象が起きます。お客さまから評価され、会社からも評価され、昇給や昇進、ボーナスアップなど、目に見える形でいいことが起こり、本人も自信を持てるようになって、周囲から慕われる人材になっていきます。

人生は前向きになり、いいエネルギーを持った人たちが集まり、いいエネルギーの場で生きられる。雑な人とは逆で、つねに幸せを描く天才になるわけです。

これこそ、「豊かな人生」そのものでしょう。その根底にあるのは、人生のほぼ半分の時間を占める仕事を、丁寧にこなし続けていけるかどうかということなのです。

◎プロ意識を持てば、「丁寧な仕事」ができるようになる

「会社というのは、自分の目的を達成するための手段にすぎない」

この言葉は、社内外で開催している、夢をビジュアライズすることを目的とした「イケテル夢ブック作成セミナー」で、よく私が伝えていることです。

自社の社員に対してももちろん、私はそう言っていますし、そうあるべきだと思っています。このセミナーでは「個人・仕事・家庭（コミュニティ）の3つで夢を持つこと」を掲げており、仕事だけで人が幸福になることなど不可能だと私は思っていま

す。人生にはバランスが欠かせないのです。

しかしバランスということで考えるなら、仕事を通じて幸福になれないと、個人の生活でも、家庭面でも、本当の意味で幸福になれないことになります。

そこで大切なのは、「プロ意識」です。

プロ意識がないと、人は仕事で手を抜こうとします。手抜きをすると、お客さまからのクレームにつながるだけでなく、最悪の場合は事故になってしまいます。当然ですが、丁寧な仕事もできるようになりません。

そして重要なことは、そんなプロ意識があるからこそ、人は自分が実行したことに手応えを感じ、自分の目的を達成していくことへの意欲を持つようになるのです。1つの目的を達成すればそのことに充実感を持ち、新たな夢を創造することもできます。

これはプライベートや家族のことも同じで、だから人は仕事を通して成長できますし、イキイキとした人生を送ることもできるようになるのです。

そのことを踏まえ、私はよく社員にこう質問します。

「その仕事をすることで、あなた自身がどのようになれると思いますか？」

私の場合だと、こんな答えになります。

「生きている感じがするようになる」

「前に進んでいる感じがするようになる」

これは「成長・自由」と言い換えられると思いますが、他にも「貢献」「愛・つながり」「安定」「影響力・優越感」など、人によってさまざまな回答が出てきます。

いずれにしろ「仕事を通して得られるもの」が、プライベートの生活や家族のような人間関係ともリンクして、人は人生を豊かにしていけるのです。

もし「その仕事をすることで、あなた自身がどのようになれると思いますか？」という質問で、答えに詰まったり、悩んだりしてしまうようであれば、その人は人生における壁にぶつかっているかもしれません。

実際、「お金」であったり、「パートナー（恋人や夫婦関係）」のことで問題が起きているケースも多くありますから、私の会社では上司によく、こうした問いかけを部下にするよううながしています。人生の質は感情の質なのです。

◎どんな仕事でも、プロ意識を持つことはできる！

第1章で私の経歴を述べましたが、大学を卒業して図書館員の仕事をしていたころは、現在のように仕事と人生を結びつけて考えるようなことはしていませんでした。

もともと私は「超」がつくほどの怠け者で、寝るのが大好き、サボるのが大好き。学習ノートを図式整頓術でまとめるのが得意だったので、学校の成績は悪くはありませんでしたが、学校へ行くこと自体は嫌い。

高校時代は出席日数を緻密に計算し、ギリギリ大丈夫な日数だけ登校し、他の日はバイクに乗ったりして、遊んで過ごす青春時代を送りました。

大学は商学部へ進みましたが、それは「たまたま行ける学部だったから」であり、新しいチャレンジや嫌なことからは、とことん逃げてきました。

就職先に大学事務職員を選んだのも、兄が同じ仕事に就いていて、楽そうに見えたからということは述べました。確かにそのときの私の仕事は、予定通りに決まった時間で終わる、単純な仕事ではありました（私に意欲がなかっただけで、決して図書館員の仕事を、否定しているのではありません)。

今になって思うのは、その当時一緒に働いていた司書の方々は、本当に楽しそうに仕事をしていたということです。

司書の資格は、国家資格(図書館司書資格)であり、多くの司書の方々は大学で指定の科目を履修し、その仕事に夢を持って就職します。だから「学会でこんなことがあったから、こういう本を蔵書に加えたら」などと提案したり、来館者向けのイベントを企画したり、テーマに即した本の紹介コーナーを設置したりするなどして、非常に意欲的に仕事をしていたのです。

当時の私は、そんな彼らを見て「何が楽しいんだろうなぁ」と頭に「?」が浮かんでいたのですが、彼らはちゃんとプロ意識を持って仕事をしていたわけです。生きがいを持って司書の仕事をしていたのだろうということが、現在になってよくわかります。

たとえば、あなたは本棚の本を整理・整頓するとき、本をどこに合わせて並べるでしょうか？

本棚の奥の壁に本をつけて揃えると、実は本はキレイに並びません。必ず本の前の部分で揃えるのです。すると正面から見たとき、本がまっすぐ整頓されているように見えます。

このことは本屋さんでさえやっていないところが多いのですが、図書館で働いていたときの先輩は、毎朝、本を前に出して揃える作業を行っていたのです。私もそれに倣い、同じ作業を5年間続けていました。

考えてみれば「丁寧に仕事をする」という私の基礎は、このときに培ったものかもしれません。整理・整頓の考え方は、おそらく図書館員を経験していなかったら、私にも理解が及ばなかったのではないでしょうか。大学図書館で同僚・先輩・上司に出会えたことを、今でも本当に感謝しています。

◎「丁寧な経営」で、どんな会社になれるのか？

現在、私は経営者としてピアノ運送会社を経営していますが、ピアノ運送は搬入して部屋に収まった瞬間にクライマックスを迎えます。

新品のピアノを、両親が一生懸命に働いて、子どもに買い与える。その瞬間、そこには3種類の「喜びを感じている人間」がいます。

まず購入した両親には、言わずもがな「やったぞ！」という達成感があるでしょう。

そして買ってもらった子どもたちには、「来たー！」という喜びがある。

そして3番目に、ピアノ販売会社の営業は、「この不況時代に数百万円の商品が売れた！」と心から喜んでいるのです。そんな3つの喜びとともに、ピアノが収まる。

作業は静かに行いますが、私たちピアノ運送業者も、晴れやかでおめでたい気持ちでいっぱいなのです。

そんなふうに、精神がものすごく盛り上がる仕事であるのが、私たちピアノ運送業なのです。だからこそ真剣に向き合って、カッコいい姿を見せようという人間が現れる。そんな人間が、「丁寧な仕事」でお客さまを感動させます。

丁寧に働く姿を見せることで、お客さまが「自分も頑張ろう！」と思ってくれたり、時には不幸のどん底から立ち上がる力を得ることだってあるのではと、私は本気で考えています。

ひたむきに働く姿には、それだけの勇気を与える力があるのです。その姿を見せ、伝えていくことは仕事人としての使命です。私が図書館員だったころ、周りにいた司書の方々も、まさにそういう丁寧な仕事人だったかもしれません。

先日、私は幹部社員を集め、あることを謝りました。

この10年、毎年増収・増益でやってきた池田ピアノ運送が、新型コロナウイルスの影響によって20パーセントも売上を落としてしまったのです。

そのことを「コロナだからと逃げてゴメン」と謝りました。

経営者である以上、どんな状況でも売上を上げることを考えなければならず、そのための努力を怠ってはいけません。それなのにどこかで「コロナだから仕方がないよね」と考えてしまっていたのです。謝った私の目には、自然と涙があふれていました。

「会社を経営する」ということは、お客さまの悩み事・困り事を解決することで心から喜んでいただき、売上総利益を上げて、社員を成長させていくことです。そのための施策を経営者は考え、「目標」を設定して実行します。

目標は目の前のゴールにすぎず、その先には大きな「目的」が存在しています。社員にとって、会社は自分の目的を達成するための手段であり、経営者である私にとっては、社員の幸福度を上げていくことが人生の目的の1つです。それが自分のモチベーションになります。

反省をした私は、本来は出さない予定だった賞与を、社員に払うことを発表しました。経営計画書に基づき、営業赤字になった場合は出さない規定なのですが、未来への投資として〝先払い〟しました。

これこそが「私なりの丁寧仕事術＝丁寧な経営」なのです。

おかげさまで私自身のモチベーションも上がり、いまだ新型コロナウイルスの感染状況が予断を許さない中で、私の会社は活力を取り戻しています。

丁寧な仕事は、現場の社員だけのものではありません。管理職や幹部、経営者に至るまで、今この瞬間から自分を見直すことで、1つずつでも実践していけることです。

本書は、その「準備」になると思います。その準備が完了したなら、あとは行動していくのみです。

私は「丁寧さ」が日本を救うと信じています。そして、これから日本の「丁寧」をどんどん輸出し、世界を明るくしていくことに貢献していきます。

巻末コラム

業界さまざま
私の丁寧仕事術

さまざまな業種・業態の方々に、
「丁寧な仕事へのこだわり」をテーマに尋ねました。
皆さんが丁寧な仕事を実践するための
ヒントにしてみてください。

「丁寧」な準備の連続が、コンクール全体のハーモニーを創り出す

株式会社河合楽器製作所　2021年ショパン国際ピアノコンクール
メインチューナー　大久保英質様

①どのように丁寧な音づくりをしたのでしょうか？

河合楽器にとって丁寧な仕事とは、よいピアノをつくることはもちろんですが、調律師としては、ホールの音響にピアノの響き（音色）がぴったり合うことが大事であると思っています。

ショパン国際ピアノコンクールが行われる、ポーランドのワルシャワフィルハーモニーホールのような場所に対してでも、毎度のようにピアノを持ち込んでから弾き込み、丁寧なつくり込みを行っています。

②ピアニストの方々に対して、どのように丁寧に接したのでしょうか？

調律師である私たちにとって一番大事な仕事は、ピアニストがストレスなく演奏できるように、可能な限りのサポートをすることです。そのために実践しているのは、練習場所と練習時間をなるべく希望に合わせて確保してあげること、海外で食事に困ったときや、体調が優れないときにサポートしてあげることなどです。

もちろん、ステージのピアノを良い状態に保ち、ピアニストがストレスなく弾けるようにベストを尽くすことは何よりも大事なことです。演奏に集中できる環境をつくるためには、どんなこともトータルでサポートするよう心がけています。

③①と②のために、どのような準備をされたのでしょうか？

①については、候補にあがった多くのピアノの中で、ワルシャワフィルハーモニーホールの音響に適しているピアノはどれなのかを、過去の経験を活かして吟味します。非常に魅力的なピアノだったとしても、ワルシャワフィルハーモニーホールに適しているピアノでなければ、美しいショパンの音楽には合いません。

また、長いコンクール期間中であっても、ピアノが常に良い状態を保てるよう、耐久性を高める調整を長い期間をかけて行っています。

②については、コンクールが始まるだいぶ前から練習場所に適している場所を探し、その場所を確保することに注力しました。会場から近いことや、静かであること、いろいろな条件を考慮し、場所を選んでいます。

④その他に、コンクールに際して大切にしたことはありますか？

河合楽器としては、もちろん楽器メーカーとして、いい結果を出したいという目標があります。しかし私たちはピアノ業界全体の発展を希望しており、コンクール期間中にあっては、河合楽器を選んでくれたピアニストだけでなく、他のメーカーを選んだ参加者たちに対しても可能な限りサポートを行っています。

すべての参加者がいいパフォーマンスをしてくれれば、結果的にショパン国際ピアノコンクールの価値や名誉が高まり、ピアノ業界が盛り上がることにつながると私たちは考えているのです。

商品に込められた思いやストーリーを「丁寧」に伝えることが大切

株式会社河合楽器製作所 専務取締役 執行役員 日下昌和様

① 丁寧な仕事に対する具体的な取り組みを聞かせてください

当社はこれまで、直販体制を基礎に需要創造販売を推し進めてきました。

「将来の購入が見込まれる、ピアノ教室の生徒を募集する」

「生徒さんと向き合っているピアノの先生方に寄り添い、お手伝いをする」

「商品の魅力を伝えるためにお客さまを訪問する」

「商品に不具合が発生すればすぐに調律師がかけつける」

など、これらすべてをメーカー社員自らが行っています。

店頭に商品を置いて、ただお客さまをお待ちすることと比較すると手間がかかり、時間を要する面倒なことではあります。しかし、この「時間がかかり面倒なこと」に真摯に取り組むことこそが、「丁寧」であると考えております。

②これからの時代になぜ丁寧な仕事が大切だと思いますか？

丁寧であることが「大切だ」と思うのは、世の中の商品のコモディティ化がますます進行し、「高品質で便利なもの」というだけでは通用しない時代になっているからです。

ですからお客さまに対して、商品に込められた思いやストーリーを「丁寧」に伝えること。またそのためには、これまで築いてきた自社の歴史や強みについて、とことん「丁寧に」向き合うことが必要だと考えています。

「丁寧」の先に「気づき」がある。その積み重ねが成功へと近づけてくれる

株式会社プロラボ　ホールディングス　代表取締役CEO　佐々木広行様

①丁寧な仕事に対してのこだわりを聞かせてください

私たちの会社には、「17の心」という社員の心得があります。その中でも最も大切にしているのは、「準備する心」です。「準備する」とは、「想像力を高める」ということと同義。仕事をする上で、常に相手の心や願望を読み、想像し、それに対して準備するという丁寧な過程です。そうとらえて、丁寧な仕事を大切に考えています。

②丁寧な仕事に対する具体的な取り組みを聞かせてください

「理念勉強会」という社内勉強会を月2回実施しています。これは私たちの会社が重

んじている独自の共通言語について学ぶ会で、新入社員から先輩社員まで、社歴にかかわらず多くの社員が参加します。まさしくこの勉強会は、丁寧に想像し、丁寧に準備する姿勢を高めていくための勉強会となっています。

③ これからの時代になぜ丁寧な仕事が大切だと思いますか?

仕事で成功するには、丁寧にピースを組み合わせ、緻密に計画し、思い切って実行することが必要です。丁寧に繊細に仕事を進めていくと、細かいところで「気づき」があります。その「気づき」の積み重ねが仕事の精度を高め、成功へと近づけてくれるのです。

患者さまがすべての始まり、「丁寧」な傾聴の姿勢からサービスは生まれる

株式会社ケイズグループ　代表取締役　小林博文様

①丁寧な仕事に対してのこだわりを聞かせてください

・丁寧な挨拶……2回目にご来院された患者さまは必ずお名前でお呼びし、挨拶するようにしています。
・時間を守る……何らかの遅延を想定して事前に対応方法を準備し、院を開院できない事態になることを防いでいます。
・患者さまのご意見を聞く際はメモを取る……患者さまのご意見をお聞きし、それを改善に活かすため、付箋を携帯しメモを取ることを習慣にしています。
・患者さまの命の時間を奪わないように、施術効果を短時間で出せるように……技術があるのは当たり前と考え、より短い時間で効果を出せるように私たちは精進して

います。

②丁寧な仕事に対する具体的な取り組みを聞かせてください

早朝勉強会で私の考えや先人の考えを伝え、価値観や考え方を共有しています。その結果、スタッフは皆、「どうあるべきか」を先に考えるのが習慣となり、しっかり患者さまの話を傾聴し、体の状態だけでなく、心の声を聴く努力をするようになりました。

私たちは患者さまの「患」という字に対し、「心」に「串」が刺さっていることを意識しています。スタッフの仕事は患者さまの「心の串」を取り除くことであり、新人のころから、心と体の「声」を聞き逃さないように取り組んでいます。

③これからの時代になぜ丁寧な仕事が大切だと思いますか?

日本人のおもてなしの心、相手が求めているものを察すること、これらは相手を思いやるからこそできることです。我が社の整骨院事業は、患者さまの体を施術する距離感ゼロの職業であり、雑な対応をすれば、昔も今も変わらずに治療家の手から患者さまに伝わってしまいます。私たちの仕事はＡＩにはできない仕事であり、時代がどう進化しても、丁寧な対応をし続けなければならないと考えています。

お客さまの体から聞こえる声に「丁寧」に耳を澄ましてきた

LEADOFFice 株式会社　代表取締役社長　川人将裕様

①丁寧な仕事に対してのこだわりを聞かせてください

「日本国民の健康」にフィットネスを通して寄与できるよう、さまざまな角度から事業を行っております。とくに力を入れているのは、健康をお客さまに直接伝える伝道師である「運動指導者」の育成です。それは「お客さまのモチベーターになりえる人財」であり、弊社が一番こだわっている部分です。

昨今、国民生活センターには、パーソナルトレーニングをしているお客さまが、「腰を痛めてしまった」「首の神経症が発症した」「脊柱を痛めてしまった」など、健康被害を受けている例が多数報告されているとの報道がありました。これはお客さまにとっても、業界にとっても、とても悲しい「事件」です。

お客さまがパートナーを信頼し、健康な体になろうと願ったにもかかわらず、裏切られてしまっている状況が一部で表面化しています。その原因には、運動指導者の未熟さが大いに考えられます。しかし、これらの事件は氷山の一角でしょう。

そんな現状を変えるため、「安全で」「効果的で」、お客さまが継続しやすい「楽しいご案内」をし、「結果を出す」ことこそ、我々運動指導者の役目だと考えています。

②丁寧な仕事に対しての具体的な取り組みを聞かせてください

「お客さまに寄り添った、結果を出すご案内」において、弊社の運動指導者にとって重要な具体的取り組みの1つをご紹介したいと思います。

それは「目的のないカウントはとらないこと」。

実は現在、お客さまがあるトレーニング種目を行った際に「1」「2」「3」とお客さまの横で回数ばかり数える運動指導者が、悲しいことに多数おります。しかし私たち運動指導者は、お客さまから貴重なお時間をいただいているのです。

そう考えたときに、機械でもできるご案内は不必要。そんなカウントをする余裕があるのであれば、より安全に考慮したり、楽しくトレーニングして効果を出すような、よりお客さまを喜ばせることを具体的に実践するべきでしょう。お客さまに対して丁寧な仕事をする運動指導者をより多く育てることが、私たちがやるべきことと信じています。

③これからの時代になぜ丁寧な仕事が大切だと思いますか？

オンラインやウェブ上でのサービスもありますが、私の実感として直接的なご案内に勝る運動指導のサービスはありません。

直接お客さまと会っているからこそわかる雰囲気。そのことで変わる言葉の表現。同じ内容の言葉だとしてもトーンや速さ、伝え方が変わります。直接お客さまにお会いして感じないと、最良の運動指導はできません。

これからフィットネスマシンを中心に、トレーニングのＡＩ化は進んでいきます。しかし、人だからこそ感知できるお客さまの感覚や、お客さまに必要なことを適切に表現する技術は、まだまだ最新の科学でも難しいでしょう。それにはお客さまと向き合い、そのときのライブ感をともに共有することが必要なのです。

そのための細かな配慮、気配り、心配り。お客さまに寄り添った「丁寧」な接客こそ、まさに根本として求められるものと思います。

「丁寧」と信頼が根幹、歯科医院を世界で一番素敵で行きたい場所に変えたい！

田北デンタルクリニック（日本歯学センター） 院長 田北行宏様

①丁寧な仕事に対してのこだわりを聞かせてください

歯科医院は世界で一番、通うのが嫌なところです。ですよね？ まずは虫歯が痛い→麻酔が痛い→削られるのが痛い→治療した後も痛い。その歯科医院を、世界で一番素敵で行きたい場所に変えたい。治療後、健康になったら今度はその健康を守るために通いたくなる場所へ。そのためには、歯科医院をすべてが丁寧で、信頼していただける場所にすることが必要であり、それが私の使命だと思っています。

②丁寧な仕事に対しての具体的な取り組みを聞かせてください

いらっしゃる患者さまの五感すべてに、不快さがないように心がけています。

歯科医院に入ってみて、まず見た目がきれいであること。薬品はすべてしまってあり、薬や消毒の匂いがしないこと。治療器具のカチカチする音や、機械の音がしないこと。口の中で型を取ったり、薬を使ったりしたら、すぐにゆすいでいただくこと。患者さまに触れるときは手を温め、優しく触る。そんなふうに五感にプラスして、患者さまが感じる第六感を満たせるよう、日々学び、努力しています。

③これからの時代になぜ丁寧な仕事が大切だと思いますか？

過去も今も、「丁寧さ」は大切なキーワードです。私は「歯科医師だった父の二倍、丁寧な仕事をしよう！」と心がけてきたので、患者さまの信頼を得ることができました。

丁寧を怠ると、患者さまは少しずつ歯科医院から離れていってしまいます。それはどんな仕事でも同じだと思います。

池田社長の「本当の丁寧」が詰まった本から学べた私、また皆さんは幸運だと思います。池田社長。いい本をありがとうございました。

本書は、２０２１年１月に海竜社より刊行された『「丁寧」なのに仕事が速い人のヒミツ』を改題のうえ加筆・修正したものです。

著者プロフィール

池田輝男（いけだ・てるお）

池田ピアノ運送株式会社代表取締役。1970年、千葉県野田市生まれ。専修大学商学部商業学科ならびに中小企業大学校経営者コース卒業。私立大学事務職員を経て、42歳で池田ピアノ運送株式会社の代表取締役に就任。グループ5社220名のスタッフと12営業所を束ね、ピアノ・大型家電・フィットネス器具や、OA機器・通信設備機器・音響製品・印刷機器など大型精密機器の全国配送・設置工事の他、大型モニターを使用したオンライン環境提供サービス、企業研修コンサルティング等を手がける。「丁寧さと迅速さ」を信条に、同社をピアノ運送業において業界売上トップクラスの企業に成長させた。人生のミッションは「日本一、お客さまからありがとうを集めること」。

「丁寧」なのに仕事が速い人の習慣
感謝され、利益も2倍になるビジネスの絶対法則

2023年1月10日　第1刷発行
2023年1月20日　第2刷発行

著　者　池田輝男
発行人　見城 徹
編集人　福島広司
編集者　真鍋 文

GENTOSHA

発行所　株式会社 幻冬舎
〒151-0051　東京都渋谷区千駄ヶ谷4-9-7
電話　03(5411)6211(編集)
03(5411)6222(営業)
公式HP：https://www.gentosha.co.jp/
印刷・製本所　中央精版印刷株式会社

検印廃止

Printed in Japan
ISBN978-4-344-04071-7　C0034

この本に関するご意見・ご感想は、
下記アンケートフォームからお寄せください。
https://www.gentosha.co.jp/e/